"Este libro es muy importante ... *pasar de status quo a la crea*[c] ... *ganadora. Sus pensamientos no son sólo originales, sino prácticos. Muy oportuno para el mercado actual".*
  – JERRY R. MITCHELL,
  Emprendedor en Serie, Forbes 1997

"Jackie es un milagro, ¡usted ganará más de lo que pueda imaginar con este libro de fuerza máxima!"
  – SARAH VICTORIA,
  Autora de: "Double Your Business in One Year or Less"
  ("Incremente sus ventas al doble en un año
  o en menos de un año").

"«200 Consejos Poderosos para Alcanzar el Éxito en los Negocios» de Jackie Camacho-Ruiz, es una lectura necesaria para cualquier persona que quiera iniciar un negocio o está en el mundo de los negocios".
  – MICHELE ARDEN,
  Presidente Arden & Associates

"Después de 45 años en el mundo del Marketing, Publicidad y Relaciones Comerciales es normal sentirse cansado. Por mucho que me guste el negocio, una persona ha llegado y me ha estimulado para disfrutar aún más la Mercadotecnia o Marketing; es más, yo diría que mucho más: Jackie Camacho-Ruiz.
Es un poco difícil describir a Jackie con una sola palabra. Por eso tuve que inventar una. ¡Y esa palabra es **VERVE!** *(V) Vivaz, (E) Energética, (R) Receptiva, (V), Vigorosa (E) Entusiasta".*
  – J. FREDERICK BAKER,
  Propietario de Grupo de Marketing Bakers

200
Consejos Poderosos para Alcanzar el Éxito en los Negocios

1ra. Edición. Junio 2014

200 Consejos Poderosos para Alcanzar el Éxito en los Negocios

D.R. © Jacqueline Camacho-Ruiz
D.R. © Girón Books, Inc.

I.S.B.N. No. 978-099-154-421-9

Girón Books, Inc.
2141 West 21st street
Chicago, IL 60608
www.gironbooks.com

Cómo utilizar este libro

Abre el libro en cualquier página

Aplica el consejo poderoso.

Comparte tu experiencia con alguien más.

¡Haz que suceda hoy mismo!

* Este libro no pretende sustituir el consejo profesional.
El conocimiento aportado en este libro está basado en las
experiencias que han brindado éxito a la autora. Los resultados
puede variar, no todo consejo es para todos, pero te brindan
una alta dosis de inspiración.

Índice

Sección II. Ventas

Sección III. Marketing

Sección IV. Retención del cliente

Sección V. Motivación

Prólogo

Mi labor como un famoso productor y locutor de radio, autor y presidente de una agencia de publicidad –una carrera aparentemente glamorosa–, no es poco común para algunas personas querer emularla.

Es muy cierto el dicho en inglés: "Muchas personas viajan por la misma carretera pero solo algunos llegan al destino final".

En diciembre de 2005 conocí a un brillante y encantadora joven de ojos muy abiertos –es la autora de este libro– Jackie Camacho-Ruiz. En ese momento ella me miró a los ojos y dijo que quería fundar su propia agencia de publicidad.

Este libro, "200 Consejos Poderosos para Alcanzar el Éxito en los Negocios" es el resultado de su viaje. No te limites a leer, ¡grábalo en tu corazón! Y para que puedas disfrutar de la clase de éxito que Jackie disfruta ¡Hazlo! ¡El éxito es el hijo de la audacia!

– CLARK WEBER
Celebridad en la Radio
Clark Weber y Associates

«Un día una niña salió de su México querido
iba llena de ilusiones a los Estados Unidos.

Una meta definida, aferrada y consistente,
pues sabía lo que quería ser:
dueña de una empresa y ayudar así a la gente.

No fue fácil la estadía, pero superó problemas,
fue subiendo despacito y logró lo que quería.

Nunca perdió la esperanza aunque nadie le creía,
siempre estuvo muy segura, nada la desanimaba,
nada de lo que decían.

Ella ha sabido escalar, a pesar de los fracasos
y después de tanto estrés se ha ganado los aplausos.

Reconocida en Chicago por toda la sociedad,
les da clases a los clientes,
la invitan a sus negocios a impartir conocimientos
y a alguna universidad.

Ya no es una niña inquieta la que solía jugar,
la inquietud que ella tenía
le sobraba inteligencia, para lograr lo que quería.

Se convirtió en escritora, cuatro libros ha hecho ya
pero apenas esto empieza ¡¿hasta donde llegará?!

Esto yo se los platico, pues la conozco muy bien
soy autora de sus días ¿cómo no lo he de saber?»

Felícitas Esparza
Mamá de Jacqueline Camacho-Ruiz

Introducción

**FUE COINCIDENCIA,
UNA CONVERSACIÓN, Y ESO FUE TODO.**

Tal vez eres un principiante, tal vez eres ya un veterano en los negocios. De cualquier forma todos necesitamos inspiración para innovar en nuestras compañías y organizaciones. Para ser completamente honesta, pienso que no me puedo guardar lo que sé, ya que mi conocimiento viene de un sinfín de conversaciones que he entablado con expertos en el campo empresarial, mentores y también, de experiencias propias. Sentí un impulso por compartirlas, con la esperanza de que se demostrasen auténticas, prácticas, y con un fin útil; para que otros pudieran escalar sus propias montañas y tener éxito.

Estaba con Clark Weber, un locutor nacionalmente reconocido, en una entrevista sobre historias de emprendedores cuando sucedió en algún momento de la conversación que me sugirió que escribiera sobre mi viaje en el ámbito de los negocios. La palabra hizo que todo cobrara sentido. *"Viaje"*, la palabra perfecta para describir el increíble camino por el que la vida me ha llevado, para convertirme en la directora *"lo hace posible"* de una galardonada agencia de mercadotecnia. Así, comencé a escribir el 15 de enero de 2008 y 276 lecciones de negocios después, surgió "El Diario de una Joven y Exitosa Emprendedora".

Honestamente, mi intención nunca fue la de escribir un libro, pero después de cientos de conversaciones con clientes y colegas comencé a darme cuenta de que este diario aporta sabiduría que podría tocar la vida de muchas personas.

Incluso antes de poner la pluma al papel, mi trayectoria comenzó con pasión por aprender, compartir y ayudar a los demás. Nací en la ciudad de México y vine a los Estados Unidos cuando tenía 14 años, aprendí inglés en un año y fui a la universidad. Comencé abriéndome camino para ayudar a las empresas a desarrollarse y hacer crecer negocios usando las herramientas y estrategias que proporciona la mercadotecnia integral.

Es por ello que quiero compartir este libro contigo.

Así que, conforme vas dando vuelta a las páginas, tienes que saber que hay muchos de nosotros caminando a tu lado. Sí, estamos ahí, susurrando palabras de aliento desde nuestros éxitos así como desde nuestros fracasos, consejos que surjen desde nuestros mejores días en el negocio e inspirados también por nuestros más grandes desafíos.

¿Mi *"Viaje"*? Ahora es tuyo también.
Jacqueline Camacho-Ruiz

Sección I
Arrancar un negocio

Arrancar un negocio es difícil. Como joven emprendedora he aprendido unas cuantas lecciones que me gustaría compartir contigo. Los siguientes consejos poderoso te van a ayudar a explorar las opciones para convertirte en dueño de tu propio negocio o para mejorar el que ya tienes. Recuerda, ¡no estás solo!

001

Se requiere de una persona especial para ser dueño de negocio

Por definición, un emprendedor es una persona que posee una nueva empresa o idea y asume la gran responsabilidad de los riesgos y dificultades que ésta conlleva, así como los resultados que produce. En otras palabras, ser emprendedor significa tener las agallas para seguir tu sueño sin importar lo que los demás digan. Significa dejar la comodidad de un sueldo garantizado para arriesgarlo todo. Es seguir tu pasión, ser un líder y hacer realidad tu visión con creatividad y convicción.

Cuando pensé en emprender este negocio algunos años atrás, mucha gente estuvo en contra. Yo era una mujer muy joven, acababa de dar a luz a mi primer hijo y recuerdo lo difícil que fue lograr que otras personas creyeran en mí. Parecía que las probabilidades de éxito estaban en mi contra. Yo lo único que quería era servir a otros negocios y realmente redefinir la mercadotecnia. Sabía que quería hacer una diferencia en el mercado, que tenía mi corazón depositado en ello y que el fracaso no era una opción. Así, comencé invirtiendo mi tiempo, recursos y energía en la idea de un negocio.

Después de unos años, puedo decir que mi desarrollo emprendedor ha sido un viaje asombroso, que ha dejado estelas de éxitos y grandes recompensas para mi familia y para mí. ¡La iniciativa empresarial te puede ayudar a satisfacer tu pasión y crear éxito inimaginable!

¿Estás listo para emprender este viaje?

Marca las casillas si tienes lo que se necesita:

- ☐   Competencia
- ☐   Un concepto de negocio viable
- ☐   Acceso a recursos financieros
- ☐   Agallas para lograrlo

Si tienes los cuatro elementos arriba mencionados ¡Estás en el lugar adecuado y en el momento correcto! Pero con que tengas el último elemento es suficiente para dar el primer paso a cumplir tu sueño.

002

El éxito comienza en tu mente

Todo lo que tu mente pueda concebir, lo puedes obtener. Para crear algo físico en tu vida, primero debes creer en ello porque es la única manera de hacer que se manifieste. Si crees en ello, es tuyo. Por ejemplo, decir: "Quiero aparecer en televisión" parece una gran visión para la mayoría. Si le digo a la gente: "Voy a aparecer en la televisión el próximo año", todos podrían reírse de mí y decir: "La televisión es para celebridades, ¿estás loca?" Pero, si puedo verlo en mi mente, sé que va a suceder. Lo curioso es que después de visualizarlo, he tenido la oportunidad de ser invitada a entrevistas de televisión en muchas ocasiones, y las oportunidades siguen. El poder de reconocer algo y visualizarlo en tu mente es tan grande que si logras hacerlo puedes darlo por hecho. Cuando ves y crees en algo, tenderás a actuar sobre ello, y es necesario conectar esas dos líneas.

Identifica una meta:

_____

_____

_____

Visualiza el resultado final en tu mente al menos una vez al día.

Encuentra y sigue tu pasión

¿Qué es lo que siempre has querido hacer? ¿Cuál es tu misión en este mundo? Es posible que no tengas las respuestas. Es posible que aún no has encontrado tu pasión (aquello que realmente amas hacer, que te emociona y motiva). La buena noticia es que puedes encontrar tu pasión y motivación porque las respuestas están dentro de ti. Pregúntate qué quieres y haz que suceda. Sé persistente al buscarlo.

Cuando tenía alrededor de 16 años, yo no sabía cual era mi pasión. De hecho, contaba con más preguntas que respuestas. Recientemente, mi madre –quien ahora reside en México– leyó una carta que me escribí a mi misma a esa edad aproximadamente. La carta no contenía respuestas, únicamente preguntas acerca de mi vida. Me preguntaba por qué y cómo podía descubrir mi verdadera pasión. Ahora unos años más tarde he encontrado las respuestas a la mayoría de aquellas preguntas, pero lo más importante: he encontrado mi verdadera pasión, pero sin hacer algo extraordinario para buscar las respuestas. Si no sabes qué te apasiona sé inquisitivo, empieza a hacer preguntas.

¿Has encontrado tu pasión?

Si no, escribe tres preguntas en los renglones de abajo para ayudar a encontrar tu pasión:

_____
_____

_____

Las respuestas te serán reveladas.
¡La pasión no tiene idioma, viene del corazón!

Visita www.bizsecretstahtwork.com/questions.pdf para ver el documento original con las preguntas que yo misma escribí.

004

Ponte tú primero

Al comenzar un negocio es muy fácil ponerse al último: el último en recibir los beneficios de la empresa, el último en recibir sueldo. Scott Sinclair, un empresario exitoso desde hace más de 14 años, comenta que él aprendió la lección por las malas. «No se puede iniciar un negocio haciendo felices a todos. Tú no puedes ser el bueno del cuento todo el tiempo. Es importante implementar políticas y procedimientos a seguir para que tanto tú, como tu equipo se mantengan enfocados».

Ten en cuenta que tus empleados pueden tener una parte de tu visión, pero nunca tendrán la visión completa, simplemente porque ellos no son tú. Mientras navegas en este viaje, aprende a reconocer y a invitar a bordo a las personas adecuadas que te puedan ayudar a llevar a cabo una pequeña parte de su visión sobre la base de su experiencia. Por ejemplo, un empleado puede realizar todas las tareas administrativas, otro puede manejar las finanzas, y tú puedes estar a cargo del desarrollo del negocio. Con estas personas en tu equipo es más fácil de llevar a cabo tu visión de éxito.

Escribe en un enunciado tu visión como dueño de tu negocio:

_____

_____

_____

_____

_____

_____

Identifica a tres personas que te puedan ayudar a llevar a cabo dicha visión:

1. _____

2. _____

3. _____

005

Define eso que haces bien de forma natural

Esto significa identificar las cosas que te salen naturalmente bien (eso que logras sin tener que invertir demasiada energía). Valorar los talentos y habilidades que te hacen único y te dan ventaja competitiva natural es importante para saber cómo ayudar a los demás. Si sabes sacar partido de lo que haces bien y lo compartes con otras personas, la calidad del producto que saquen al mercado será superior a la de tu competencia.

Concéntrate en aportar soluciones a tus clientes y dales la estrategia que necesitan para mejorar su negocio. Yo me apoyo en gente que es experta en áreas en las que yo no sobresalgo. Cuando reconoces lo que puedes hacer bien y no gastas energía en lo que no te sale naturalmente, obtienes lo mejor de dos mundos: haces uso del mejor talento en cada área y creas un gran equipo de trabajo.

Crea una lista de cosas que haces bien de forma natural

_____

_____

_____

¿Cómo puedes utilizar esos talentos para que influyan en los resultados de tu idea?

Haz uso de ellos de forma consciente esta semana.

Valorar los talentos y habilidades que te hacen único te capacita naturalmente para ayudar a los demás.

006

Mantente fiel a ti mismo y cree

Se trata de autenticidad, de no comprometer la integridad propia para acomodarte a una situación. Significa saber que fuiste creado con un sistema de guía interior. También quiere decir que todas las respuestas que buscas, tanto en los negocios, como en lo personal, profesional, espiritual y emocional, están dentro de ti. Todas y cada una de ellas.

Es verdad. Cada respuesta que has intentado conseguir está dentro de ti. Las soluciones que buscas están en tu mente, en tu corazón, en tu subconsciente, y son canalizadas hasta ti a través del poder del universo y del poder de esa fuerza superior que nos mueve. Y cuando lo sabes tienes todo lo que necesitas. Para alcanzar tu sueño sólo tienes que escuchar a tu guía interior. Conéctate con tus sentimientos y sabrás si estás permaneciendo fiel a ti mismo o no. Si algo no te hace sentir bien, probablemente no es lo correcto para ti.

Ser auténtico y fiel a uno mismo nunca es fácil. Si se te presenta una situación confusa, escucha a tu intuición, date cuenta y toma consciencia de que la tienes. Para aquellas personas que son de mente muy lógica, el solo hecho de reconocer que tienen intuición es un paso enorme.

Escucha ¿Qué estás sintiendo exactamente? Toma conciencia de tus sentimientos. A continuación analiza tus sentimientos y toma una decisión. ¿Qué acciones puedes desarrollar hoy sobre la base de tus sentimientos?

007

Permanece leal al fundamento de tu empresa

Esto no significa que tu negocio no deba evolucionar o cambiar de acuerdo a las tendencias del mercado. Significa que debes mirar hacia atrás y preguntarte: "¿Por qué emprendí este negocio? ¿Por qué quiero hacer la diferencia? ¿Por qué es estimulante para mí ayudar a la gente? ¿Qué es lo que me motiva a levantarme cada mañana?»

Piensa un momento acerca de por qué existes como empresa. Si notas que puedes permanecer fiel a las bases de tu negocio y ese fundamento es sostenible, tendrás éxito sin importar lo que suceda.

¿Cuál es el fundamento o misión clave?

_____

_____

_____

Define tus áreas de oportunidad

¿Qué podemos hacer con las cosas que tenemos ahora? Hay muchas áreas de tu negocio que aún no han sido aprovechadas. Por ejemplo: acaparar un nuevo mercado o conseguir a un experto para tu equipo de trabajo. Es importante estar abierto y definir hacia dónde puedes llevar a tu negocio. ¿Cuáles son tus oportunidades y cómo las puedes aprovechar? Recuerda siempre buscar y crear nuevas oportunidades. Agilizar el proceso y al mismo tiempo ofrecer a tus clientes un ahorro. De esta manera, ellos quedarán satisfechos.

Conviene que te despegues de tu escritorio por una noche o un fin de semana, así podrás tener una visión objetiva de tu negocio.

Pregúntate ¿cómo puedes aprovechar las oportunidades? ¿Qué paso darás hoy?

_____

_____

_____

_____

_____

Visita www.bizsecretsthatwork.com/swot para bajar una copia gratuita del Ejercicio de Análisis de: "Fortalezas, Debilidades, Oportunidades y Amenazas" FODA (SWOT, por sus siglas en inglés de *Strenghts, Weaknesses, Opportunities and Threats*).

009

Crea valor de la nada

Cuando te expandes en algo que ya existe no es nada nuevo. Sin embargo, si creas una fórmula y un proceso entonces estás creando valor. Crea tus estándares y fórmulas. Tus experiencias y talentos únicos pueden crear algo que no se ha visto antes. Así creas una nueva categoría: un entorno en donde no tienes competencia. Todos queremos estar en ese lugar donde somos los únicos capaces de hacer algo. Fundar algo nuevo requiere que sepas realmente cuáles son tus talentos, motivaciones y fortalezas. Toma los tres consejos anteriores y combínalos para convertirlos en algo completamente único que te refleje tal cual, que sean totalmente tú. Al hacer esto, encontrarás personas que están buscando exactamente eso que tú reuniste y convertiste en valor.

Uno de mis clientes es un doctor. Hace unos años él se dio cuenta que le encantaba visitar a sus pacientes ancianos en su casa. En años recientes se ha dedicado a ayudarlos, él nunca ha dejado de visitarlos a pesar del crecimiento de su consultorio. Esto se ha vuelvo una ventaja única que otros doctores no poseen.

Encuentra tu propia singularidad y sintonízala con tu propósito determinado. El resultado que obtendrás es esa pasión, ese entusiasmo, esas emociones que generan negocio y que mueven a las personas. No es un proceso simple, pero vale la pena explorarlo.

Haz una evaluación de tus fortalezas.

¿Cómo puede esa fortaleza ser valiosa para otra persona?

_____

_____

_____

_____

Esto te brinda la oportunidad de crear un arbitraje, valor de nada.

010

Encamínate con consejeros

Es imposible saber todo lo que hay que saber. Todos tenemos que aprender nuevas habilidades. Encaminarte con individuos más inteligentes o que tienen mas experiencia que tú, puede realmente darte ventaja en el juego. Verás, todo lo que en algún momento lograrás será con alguien, a través de alguien y para alguien (con gente, a través de gente y para la gente). Por mucho, sintonizarte con las personas es una de las cosas más increíbles que puedes hacer. ¿Por qué no elegir al mejor de los mejores para ayudarte a alcanzar tus metas?

¿A quién consideras tus tres principales consejeros o guías? ¿Qué vas a hacer para conseguir su apoyo en esta semana?

1. _____

2. _____

3. _____

Si no tienes un consejero, ¿qué puedes hacer para encontrar uno y obtener su apoyo?

No tengas orgullo para pedir ayuda

Creemos que podemos hacerlo todo como si fuéramos superhéroes. El problema es… que no lo somos. Todos tenemos que reconocer que necesitamos ayuda cuando las cosas se salen de control. Elige con cuidado a quién pedirle ayuda ya que debe ser alguien en quien confíes profundamente. Es posible que lo que necesites en el momento sea un punto de vista diferente, así que es importante que tengas apertura para reconocer y aceptar ayuda.

La disciplina es primordial. Debes tener autodisciplina para completar tus tareas. ¡Puedes lograr cosas que jamás pensaste por el simple hecho de aceptar ayuda! Puedes construir nuevas relaciones humanas e incluso alcanzar la felicidad.

Define una área en la que necesitas ayuda:

_____

_____

_____

¡Pide ayuda y acéptala!

012

Invita a las personas adecuadas a bordo

Existen varias maneras de llenar tu vida y tu trabajo con energía positiva. Una de ellas, es dar a tus equipos de trabajo permanentes y a los subcontratistas una visión de logro. Cualquiera que sea tu visión en los negocios o en tu vida personal, es esencial que te sintonices con las personas que están en la misma situación que tú. ¿Cuál es tu metodología? ¿Cuáles son tus valores fundamentales? Estas respuestas son las características que buscas en tus colaboradores. Crea tu energía en conjunto con los que te rodean.

Identifica un proyecto en el que estés trabajando.

_____

_____

_____

Identifica a tres personas que te puedan ayudar a lograr dicho proyecto.

1. _____

2. _____

3. _____

Ten un buen equipo de profesionales a tu lado

Rodearse de personal de primera clase es importante porque hay muchas personas que cometen muchos errores cuando están comenzando. Arrancan un negocio porque saben qué es lo que hacen mejor que nadie; saben que son un buen carpintero o un buen restaurantero, pero no se imaginan las minuciosidades que derivan del manejo de un negocio.

No saben de aspectos legales o de responsabilidades de contabilidad, no saben de los permisos y licencias que se solicitan e incluso, muchas veces, ni siquiera conocen el área de operaciones del negocio.

Por eso, tener un buen equipo de profesionales a tu lado desde el principio y un presupuesto que te permita cubrir los gastos iniciales, te puede ahorrar muchos dolores de cabeza. De hecho, puede agilizar el proceso y conseguir que todo camine más rápido de lo que piensas. Y como no serás tú quien tenga que cumplir con cada detalle, el dinero que se gasta en ello, será dinero bien invertido.

Contar con un experto en cada área de tu empresa te puede ahorrar tiempo, brindar más eficacia y te puede impulsar hacia el éxito en un período de tiempo mucho más corto. Es mejor que ir aprendiendo de tus errores.

Si usted está pensando en iniciar un negocio, por favor identifique lo siguiente:

Un contador: _____

_____

Un abogado: _____

_____

Un compañía de seguros: _____

_____

Un experto en promociones o mercadología:_____

_____

Reserva tu confianza

Tendemos a pensar que todo el mundo es bueno y nadie es malo. Sin embargo es conveniente que te apoyes en tus sentimientos para saber si debes confiar en alguien o no. Tienes que reflejar tu propia vibra en la gente con la que quieres trabajar y tu intuición es un gran sistema de clasificación que te ayuda a identificar a aquellos que merecen tu confianza.

Monitorea cómo te sientes cuando te encuentras con determinada gente. ¿Qué vibración estás captando?

Sé consciente de esos sentimientos y elige. No te asocies con alguien de quien no recibes buenas vibras, casi siempre tendrás la razón.

015

Motiva a tu equipo

Cuando tu equipo se siente desmoralizado y subestimado, carece de la motivación para trabajar a su máxima capacidad. Hazle saber a tu equipo lo que esperas de él, cuáles son los objetivos y misión de la empresa y dale la oportunidad de desarrollarlos. Evalúalo para conocer si se están produciendo resultados tangibles y si logra las metas, elogia y reconoce su buen trabajo. Los empleados deben estar motivados e inspirados para hacer más por la compañía, todo el mundo quiere sentirse importante y si provocas que tus colaboradores se sientan así, contarás con miembros mucho más productivos.

Aplica los siguientes cuatro pasos con tu equipo:

1. Permite que los empleados conozcan tus expectativas

2. Bríndales oportunidades

3. Evalúalos

4. Elogia sus logros o repite el primer paso

016

Crea listas con pasos a seguir

Todos tenemos un montón de cosas que hacer, tanto personal como profesionalmente. Uno de los mayores desafíos que enfrentamos los empresarios es la ansiedad que viene con todos los zapatos en los que nos toca andar: como esposa, madre, empresaria, oradora y autora; mi vida puede ser a veces sumamente ocupada. Mi forma de mantenerme a la cabeza es escribiendo una lista permanente de tareas a realizar. Nada me hace sentir mejor que tachar de mi lista una tarea cumplida. Para esto, es de vital importancia ser activo y anticipar el cumplimiento de las tareas. Para administrar la creciente lista de pendientes, practica el siguiente ejercicio:

Observa la lista de abajo.

• ~~Ir de compras~~
• Organizar la oficina
• Enviar la presentación de tus servicios a los clientes

¿Sientes la responsabilidad de completar los elementos que no están tachados y te da una sensación de alivio al ver aquellos que se han completado?

Ahora escribe tu propia lista de tareas a cumplir para el día de hoy:

_____

_____

_____

Escribir tu propia lista te va a ayudar a mantenerte en ventaja.

017

Una fórmula fácil para definir cuánto vas a cobrar por hora

Tus horas facturables son por lo general un tercio del total del tiempo dedicado al trabajo. Los otros dos tercios van para el desarrollo empresarial y al esfuerzo administrativo. Por ejemplo, si quieres generar $50,000 dólares al año debes dividirlos entre 52 semanas; esto da un total de $961.00 a la semana. Ahora, tomamos ese número y lo dividimos por el número de horas que deseas laborar por semana; por ejemplo, si quieres trabajar 40 horas por semana, necesitas cobrar $24 por hora. Pero hay que considerar que sólo una tercera parte de tus horas son facturables (porque vas a estar ocupado realizando tareas que no son generadoras de ingresos), entonces tendrías que trabajar 120 horas a la semana o cobrar $72 por hora, basado en horas facturables semanales de 13.3.

¿Cuánto quieres ganar este año?

Aplica la siguiente fórmula:

$_____ Por año / 52 semanas = $_____

$_____ Por semana / _____horas por

semana = $_____ por hora

¿Cambias el número de horas de trabajo o la cantidad que cobras por hora?

Si ajustas la cantidad de horas que trabajas o la cantidad que cobras por hora, ¡ganarás lo que quieres este año!

No tengas dudas de cobrar por tus servicios

Nos puede dar miedo cobrar cuando no sabemos el impacto que podemos generar en el negocio. Es probable que pienses que no mereces que te paguen o la cantidad que cobras. Las empresas que apenas están comenzando tienen estas dudas: "¿Cuánto debo cobrar? ¿Será el precio justo?" Lo importante es reconocer el valor de cobrar por tus servicios. Debes de cerrar los ojos y pensar en el impacto que tiene en el mundo el servicio que provees. ¿De qué forma la existencia de tu negocio provoca una diferencia en el mundo? Puede que sea alguna cosa pequeña o tal vez es la forma en la que ofreces tus productos o servicios.

Escribe tres cosas que son de valor para la relación que tienes con tus clientes. ¿Qué servicios puedes ofrecer que nadie más puede igualar?

1. _____

2. _____

3. _____

019

Cobra bien

Tú debes cobrar de acuerdo a los servicios que ofreces, no bajes tu precio para adecuarte a lo que el cliente está dispuesto a pagar. Si van a llegar a un acuerdo, hazlo de manera que si tu cliente va a pagar menos de lo cotizado, entonces también va a recibir menos de tus servicios.

Basándote en que cada cliente tiene diferentes necesidades y tomando en cuenta la inversión de tiempo, es importante ofrecerle a tu consumidor un servicio que aprecie, ya que está pagando por ello. Tú quedarás satisfecho de que no se tomó ventaja de tu negocio ya que le estarás dando al cliente el valor que se merece y viceversa. Crea una situación en la que todos ganen algo. Tienes que cobrar correspondientemente porque no es justo que unos clientes paguen lo estipulado y otros no. Tampoco es justo para tu familia, porque no están recibiendo los ingresos que eres capaz de proporcionar, y no es justo para ti tampoco.

Tú estás prestando un servicio y tus clientes están pagando por el tiempo que inviertes en realizar el trabajo, por tu experiencia, habilidad y conocimiento.

En el proceso de una negociación, si alguien dice, "no puedo costear ese gasto", se puede reajustar el precio, pero de la misma manera se tiene que reajustar el producto para que sea equitativo.

Si el cliente quiere pagar menos, tú tienes que proporcionar menos servicios. Si el cliente está dispuesto a pagar más, tú tienes que añadir servicios.

No tengas miedo de ganar dinero

Seguir tu pasión significa que te paguen por hacer lo que amas, así que no tengas miedo de recibir dinero por ello. Como empresario, comienzas creando todo desde cero, así que toma en cuenta todo el esfuerzo que pones en lo que estás construyendo. Mereces el dinero que estás generando, incluso si no es mucho todavía. Si tienes la seguridad y no te intimidas será mucho más fácil para ti crecer y avanzar hacia el siguiente nivel.

Haz una lista de tres de tus clientes más rentables (los clientes que te dejan más dinero):

_____

_____

_____

Anota las razones por las que te mereces su dinero: ¿qué has hecho para ellos?

_____

_____

_____

¡Te mereces el dinero que ganas!

021

Conecta empresas (alianzas estratégicas)

El valor que creas para tus clientes al reunir empresas es increíble. Es posible que pongas en contacto a dos empresas que no pertenecen al mismo tipo de industria o la misma línea. Esto se puede lograr presentando una compañía con otra o creando una conexión mutua que podría convertirse en algo que jamás imaginaron, y al mismo tiempo, rendir frutos para ti.

Por ejemplo, una vez descubrí que un cliente necesitaba servicios financieros. Yo tengo una agencia de mercadotecnia y aunque no tiene nada que ver con servicios financieros, siempre trato encontrar algún recurso para mis clientes. A cambio, este esfuerzo aporta un valor a lo que hago como negocio. Indirectamente me da mucho valor con los clientes porque piensan: "No tenías que hacer esto, pero fuiste mas allá de lo esperado para ayudarme." Y así se construyen relaciones de por vida. Puede ser algo tan pequeño como hacer una simple llamada telefónica o presentar a dos personas para formar una verdadera alianza estratégica permanente.

Debes saber dónde estás situado para saber elegir las acciones apropiadas para crear la relación correcta. Al ver los resultados que una sola conexión puede traer a tu vida, a tu negocio y a tus relaciones, continuarás creando más y más alianzas.

Piensa en una posible sociedad entre dos empresas que no tienen nada que ver, pero que sabes que podría haber una gran conexión entre ellas.

022

Haz la diferencia y el dinero vendrá solo

Cuando me decidí a entrar en el negocio, yo no estaba pensando en el dinero.

Yo estaba pensando en satisfacer mi pasión por ayudar al mayor número de empresas que pudiera. Yo estaba pensando en crear un nuevo paradigma, en el que pequeñas empresas pudieran tener acceso a una agencia de mercadotecnia y relaciones públicas. Yo estaba pensando en hacer "la diferencia".

El dinero llegó, pero no se trata sólo del dinero. He conocido a gente increíble a lo largo de este viaje, he visto lugares, compartido experiencias y aprendido muchas lecciones. Estas son recompensas que el dinero no puede comprar.

Enlista tres formas en las que tú y tu empresa pueden hacer una diferencia ahora:

1. _____
   _____

2. _____
   _____

3. _____
   _____

El éxito se mide por la cantidad de personas que ayudas en el camino. ¡Comienza hoy mismo!

Sé propietario de una empresa, no profesionista independiente

Trabajar por tu cuenta o ser profesionista independiente significa que en vez de que una compañía pague por tu sueldo, tú te pagas. Cuando cambias tu mentalidad para convertirte en propietario de un negocio, te conviertes en una inversión en tu negocio.

Tú eres el director de tu éxito, tú eres el que lo hace realidad y las posibilidades son infinitas. Al llamarte profesionista independiente o empleado por cuenta propia, te estás limitando. En cambio, cuando te defines a ti mismo como empresario, estás tomando el asiento del conductor de tu éxito, lo cual te da la capacidad de subir al siguiente nivel.

La diferencia entonces, entre ser profesionista independiente y dueño de un negocio es que, el trabajador por cuenta propia tendrá que conformarse con ciertos trabajos aunque no le satisfagan porque necesita el dinero; el empresario hace lo que le apasiona y está dispuesto a hacer la diferencia en el mundo.

Define tu pasión, llévala a cabo, crea valor de la nada y luego reconoce que eres el director de tu propio éxito.

Cambia tu forma de pensar de profesionista independiente a empresario y escribe lo que observas.

Pregúntate "Si me percibiera a mí mismo como propietario de una empresa en vez de trabajador por cuenta propia ¿qué haría diferente?"

Enlista tus respuestas

_____

_____

_____

_____

_____

De tus respuestas, elige la que tendrá el mayor impacto en tu empresa y ponla en práctica primero.

Conoce las ventajas de tener un espacio comercial u oficina

Trabajar desde casa es grandioso y tiene muchas ventajas. Sin embargo, no contar con un espacio de oficina comercial puede mostrar una falta de estabilidad a algunos prospectos.

Tener una oficina independiente te permitirá enfocar tu atención y tus acciones para completar tus tareas. Mientras creas para ti un lugar de trabajo, se te va creando el hábito usar ese espacio para completar tus ocupaciones. Además, una oficina comercial convertirá tu negocio en algo más profesional, dando la impresión de estabilidad a tus clientes potenciales. En el espacio comercial, puedes alojar a tus clientes, así como proporcionar un sitio para los seminarios. Tendrás más espacio para contratar y expandir tu negocio.

Si no tienes espacio comercial, busca opciones para alquilar, comprar, arrendar, o sub-arrendar oficinas, lo que sea más adecuado para tu negocio.

Investiga en el área espacio económico.

Consulta con tu contador para asegurarte de que tienes el flujo de ganancias para que puedas hacerlo realidad.

025

Da de alta tu negocio de acuerdo a tu situación

Muchas veces los empresarios no saben qué estructura empresarial es la que les conviene. Es importante definir qué tipo de negocio es el mejor para ti: propietario único, LLC (Corporación de Responsabilidad Limitada por sus siglas en inglés) o corporación.

Si das de alta tu negocio de la forma correcta puedes maximizar los beneficios de estar en el negocio. Es necesario buscar la orientación de un abogado y un contador para asegurarte de que estás tomando la decisión correcta.

Yo comencé como una empresa unipersonal o propietario único. Unos años más tarde, después de comprar nuestra primera casa, contar con oficina y darnos cuenta de que había más capital, cambié mi registro legal y me convertí en una Corporación de Responsabilidad Limitada, lo cual ha funcionado a la perfección y nos da, como empresa, la protección que necesitamos.

Comunícate con tu abogado y contador para saber cómo puedes aprovechar tu tipo de negocio.

Establece una fecha anual para evaluar tu crecimiento con ellos y hacer cambios si son necesarios.

Toma riesgos calculados

La gente dice que entrar en el negocio es un riesgo. ¿Sabes qué? La vida es un riesgo. Tomar un riesgo en los negocios es vivir. Sin embargo, hay una diferencia entre el riesgo sin fundamentos y los riesgos calculados. Sigue tus instintos y sigue los consejos de aquellos que tienen experiencia para que el riesgo que tú tomes se minimice. Aprovecha los recursos de los que han estado allí y sírvete de sus conocimientos. Opta también por un enfoque cauteloso. Planifica y diseña una base para tu negocio, y desarrolla un plan de acción para alcanzar tu meta.

Protege tu negocio y a tus clientes. Identifica a las personas en las que puedes confiar y al mismo tiempo gánate su confianza.

Mantén la confidencialidad de tu negocio y la de tus clientes, así todos van a ganar. Ser conservador te ayudará a minimizar los riesgos.

Desarrolla:

√ Un acuerdo de confidencialidad
√ Un acuerdo de no competencia

Es mejor prevenir que lamentar.

027

Sé precavido cuando tengas como clientes a tus familiares o amigos cercanos

El resultado de trabajar con la familia es frustrante a veces. A pesar de que es de naturaleza humana buscar apoyo en la familia y amigos más cercanos al embarcarse en un nuevo proyecto, también pueden ser tus peores críticos.

Si realmente quieres trabajar con miembros de tu familia, asegúrate de que las reglas y las expectativas estén claramente especificadas para que los lazos afectivos no confundan los objetivos de tus relaciones comerciales.

Tienes que ser más estricto que en una relación comercial regular. Si haces esto, no sólo garantizas una buena relación con tu pariente como cliente, sino que también ganas el respeto que mereces como experto.

Crea una lista de cinco clientes potenciales que no sean miembros de tu familia.

1. _____

2. _____

3. _____

4. _____

5. _____

¿Tengo que ser "codo"?

Damos a los demás, pero a veces nos olvidamos de nosotros mismos. Eso puede crear o quebrar tu negocio. Ser moderado o precavido no significa ser tacaño. Significa estar alerta y ser cauteloso en la forma en que gastas el dinero. Toma el 10% de las ganancias totales, ponlo en una cuenta de banco para la época de "vacas flacas" y no lo utilices a menos que sea absolutamente necesario. Esto te crea el hábito, incluso en los peores meses, de ahorrar el 10 por ciento de las ganancias totales.

Establece tu presupuesto para el año. Estarás mejor preparado para una emergencia y reducirás el estrés en caso de una eventualidad.

¡Crea un plan de ahorro este mes!

Nombra tres áreas de tu negocio en las que podría reducir gastos:

1. _____

2. _____

3. _____

029

Controla el crecimiento, no dejes que el crecimiento te controle

El crecimiento controlado puede hacer crecer tu negocio, el crecimiento no controlado puede matar a un negocio. La idea de crecimiento es emocionante, pero si no tienes todo en su lugar: proceso, fórmula, pasos y logística, que te ayudarán a sostener ese crecimiento, la mala reputación te puede llevar al fracaso.

Si te rehúsas a poner en marcha toda la infraestructura que se necesita para recibir el crecimiento, podría ser perjudicial para tu éxito. Cuando tu negocio no puede hacer entrega de un producto, la gente se queja. Por esta razón, si tienes un gran proyecto en marcha, pide la ayuda necesaria.

Si manejas tu crecimiento, puedes crear una base sostenible para seguir creciendo, y serás un empresario feliz.

Crea una fórmula para el crecimiento. Piensa en formas de hacer crecer tu negocio. Piensa en los pasos que debes seguir para darle la bienvenida al crecimiento.

Monitorea tu crecimiento de forma constante para asegurarte que en realidad estás creciendo.

Encuentra la actividad dentro de tu negocio que más te emociona

Dentro de tu negocio, ¿qué es lo que más te llena de energía? En mi caso me gusta hacer contactos con la gente asistiendo a eventos, también hacer presentaciones y simplemente comunicarme con los clientes. Hacer lo que amo en mi negocio me permite disfrutar de mi profesión aún más y me llena de energía. A Juan Pablo, mi esposo y socio, le encanta trabajar en diseños creativos sobre todo tras bambalinas; así que ambos hacemos lo que nos gusta. Los resultados son increíbles ya que nuestras fortalezas crean sinergia.

Hacer lo que te carga de energía y dejar las cosas que no te salen tan bien a los demás te traerá mejores resultados. Puedes tomar la iniciativa para crear un ambiente de éxito y felicidad.

Nombra al menos un área de tu negocio que te entusiasme.

_____

_____

¿Cómo vas a utilizar esa energía positiva para llegar al siguiente nivel?

_____

_____

031

¿Para qué eres bueno?

Todos tenemos diferentes cosas que podemos aportar al mundo tanto personal como profesionalmente. A veces nos concentramos en nuestras debilidades, pero si podemos encontrar nuestras fortalezas y duplicarlas, nos convertimos en personas mucho más fuertes. Si tenemos una habilidad particular, como la forma en que transmitimos nuestros mensajes de forma oral y logramos duplicar y fortalecer ese talento, podemos subir al siguiente nivel. Esto te puede cambiar de ordinario a extraordinario. Concéntrate en las cosas que haces bien, y tu talento brillará.

Nombra tus talentos:

_____

_____

_____

_____

¿Qué puedes hacer esta semana reforzar tus talentos?

_____

_____

_____

_____

Mantén tus ojos en la meta

A menudo nos embarcamos en nuevas metas, pero se nos olvida monitorear nuestros progresos e incluso se nos olvida la meta original. Con tantas distracciones, es fácil perder de vista nuestros objetivos. Por ejemplo, durante mi carrera como empresaria, he tenido muchas oportunidades excelentes para trabajar en otras empresas. Yo amablemente las he rechazado porque, aunque son tentadoras, no han estado en sintonía con mi objetivo de ser una empresaria exitosa.

Constantemente me pregunto: "¿Esta situación me llevará más cerca o más lejos de mi meta?" Si la respuesta es "más lejos" entonces simplemente no me involucro. ¡Es así de fácil!

Hay tres pasos a seguir para este consejo poderoso:

1. Conoce tu objetivo.

2. Recuérdate a ti mismo de tu meta diaria, preferiblemente por escrito.

3. Constantemente pregúntate "¿Esta actividad puede llevarme más cerca o más lejos de mi meta?"

Aplica los pasos anteriores para llegar a cada uno de tus objetivos.

033

Crea una estrategia de salida para tu negocio

Como Hispanos, estamos acostumbrados a tener un negocio de por vida, que se vuelve como nuestro bebé. Pero en realidad, como empresarios siempre tenemos que estar preparados para la oportunidad, aunque eso signifique vender nuestro negocio. Pensamos en cómo iniciar un negocio, pero nunca en cómo vamos a terminarlo. ¿Qué pasaría si no pudieras estar ahí? ¿Qué pasaría si te enfermaras o te mudaras? ¿Cuál sería tu estrategia de salida? ¿Vas a vender el negocio, disolverlo o asociarte con otra empresa? A lo mejor tendrás el negocio por el resto de tu vida y tu estrategia de salida será la jubilación o retiro. Piensa en el futuro, prepárate y ten todo listo para tomar las decisiones que se deben tomar.

¿Cuál es tu estrategia de salida?

☐ Venta

☐ Jubilación

☐ Asociación

☐ Disolver

☐ Pasar a la siguiente generación

¡Planea con anticipación! *¡Vale la pena!*

Busca claridad para tomar las decisiones correctas

Todo el tiempo estamos tomando decisiones: decidimos a quién contratar, con quién trabajar, cómo gastar nuestro dinero; pero ¿estamos tomando las decisiones correctas?

Es natural querer respuestas concretas a nuestras preguntas, pero si sólo pidiéramos claridad el proceso resultaría mucho más fácil. Cuando me enfrento a una decisión, especialmente una difícil, invoco claridad mediante el uso de afirmaciones como la que se presenta abajo.

Busca constantemente la orientación en tu vida y tendrás éxito. Todas las respuestas a tus preguntas están dentro de ti. Programa la claridad en tu corazón y en tu mente de una manera que se comunique de una manera comprensible y eficaz para actuar en el momento que la decisión correcta te sea revelada.

Llena el espacio en blanco:

"Agradezco tener la claridad y la confianza para tomar la decisión de _____ ".

Repite esta afirmación tres veces al día durante el mes siguiente, hasta que se arraigue y te mueva hacia delante.

¡Dilo con la convicción de que va a funcionar!

Visita **www.bizsecretsthatwork.com/affirmations.pdf** para descargar gratis la forma para crear tus propias afirmaciones.

035

Obtén apoyo

Probablemente tenemos gente negativa a nuestro alrededor. Puede que por desgracia esas personas sean nuestros familiares y amigos. Tú recibes motivación y entusiasmo de tu entorno, por lo que debes tomar la decisión consciente de rodearte de gente que tiene metas y objetivos similares a los tuyos. Identifica personas positivas que te hacen sentir bien cuando hablas con ellas. Si tu ánimo está bajo, ellos lo levantarán. Relaciónate siempre con individuos que compartan contigo sus conocimientos, así como sus recursos si es necesario.

Encuentra hombres y mujeres que sean más inteligentes y positivos que tú, para que cuando estés pasando por un momento difícil puedas contar con ellos para ayudarte a salir del círculo negativo.

Aléjate aquellos que te arrastran hacia abajo. Mantén distancia con quien esté creando un impacto negativo en tu vida. Tendrás mucha más energía y motivación, y lo más importante, tendrás un sistema central y de apoyo cuando lo necesites.

Identifica tres personas positivas en tu vida:

1. _____

2. _____

3. _____

Haz una cita para reunirte con ellos la próxima semana.

Sección II

Ventas

Las ventas son un proceso y todos podemos aprender algo de esta área. Constantemente nos estamos vendiendo a nosotros mismos, lo reconozcamos o no. Estos consejos simples te pueden dar la clave para optimizar este juego de números.

036

Mantén tu antena alerta

El prospecto que menos esperas puede terminar siendo tu mejor cliente. Una de mis consejeras compartió conmigo una anécdota muy interesante sobre cómo empezó a trabajar con una pequeña empresa de productos de limpieza que contaba con poco dinero. Aunque ella sabía que tenían un presupuesto reducido sentía la necesidad de ayudarlos. Sorprendentemente, esta compañía creció significativamente después de concretar un contrato con un importante minorista. Sólo unos cuantos años más tarde se convirtieron en una empresa multimillonaria, y mi consejera creció con ellos también.

Tener apertura a nuevos clientes puede ser la diferencia entre lograr un buen cliente o no. Recuerda que un prospecto aparentemente pequeño se puede tornar en algo grande si crees en él. Mantente alerta.

Haz una lista de cinco prospectos.

_____

_____

_____

_____

_____

¿Qué potencial guardado ves en cada uno de ellos?

Ten el valor para abordarlos con tus nuevas ideas para llevarlos al siguiente nivel.

037

Crea colaboración con otros negocios en tu industria

La competencia no existe, nuestros competidores también se pueden conocer como "socios de poder" En lugar de competir, la técnica que siempre he utilizado es crear alianzas en los negocios. Este enfoque ha cambiado lo que antes eran situaciones negativas a escenarios de colaboración, porque trabajo con otras agencias de mercadotecnia y distribuidores y uso sus principales fortalezas para el beneficio de mis clientes. En una ocasión, trabajaba con un cliente que necesitaba más presencia en el mercado, así que creamos una estrategia de mercado que integraba varios canales de comunicación. Decidí trabajar a la par con un experto en medios sociales para lograr que la campaña tuviera un efecto invasivo. De esa manera, completé toda la estrategia general y la otra empresa se concentró en las técnicas de transmisión. El resultado fue exitoso para todos los involucrados. Para los clientes, la alianza entre dos empresas les brinda lo mejor de cada una para su beneficio. Así que encuentra socios de poder, muéstralos a tu cliente y sé un héroe.

¿Puedes identificar a un aliado?

Sí _____

No _____

¿Qué propuesta de venta que tú no tienes ponen ellos sobre la mesa?

Voy a contactar a las siguientes compañías para definir formas de colaborar.

038

Tus referencias

Cuando estás tratando con un cliente nuevo y tienes un tiempo limitado que no te permite detallar cada experiencia previa de éxito, es bueno contar con referencias que demuestren lo que puedes hacer por ellos. Por ejemplo, si tienes una compañía de pintura muéstrale fotos a tu prospecto con referencias de tus habilidades en forma escrita o en video. Esto puede ser la diferencia en que te contraten o no.

Pueden ser la diferencia entre aterrizar un proyecto o irte con las manos vacías.

¿A cuáles de tus clientes has beneficiado últimamente? ¿Les pedirías un una referencia?

Planeo usar mis referencias de la siguiente manera para ganar más clientela:

_____

_____

_____

¡Las referencias son excelentes para atraer más clientes dándoles mas seguridad! Úsalas estratégicamente.

Las ventas son un juego de números

Las ventas son un juego de números y conocer la industria, así como tus índices de conversión es sumamente relevante. ¿Cuál es la proporción entre el contacto y la reunión y de la reunión hasta la venta? Toma las siguientes tres semanas para considerarlo.

Primero tienes que definir cuántos clientes nuevos quieres. A partir de ese número, puedes entonces definir cuántos prospectos necesitas contactar, lo cual te ayudará a definir cuántas reuniones resultarán de tus esfuerzos. Basado en esas reuniones lograrás los contratos que deseas.

Es importante que te plantees objetivos en cuanto al número de personas que quieres contactar y también es necesario que te propongas metas que cumplir durante tus reuniones. Además, es necesario considerar cuántas ventas tienes pensado concretar en estas citas. Realiza este ejercicio al menos tres semanas consecutivas y te vas a empezar a dar cuenta cuáles son tus índices de conversión. Saber esto es muy importante porque así puedes fijar tus expectativas.

Llena con los números que reflejen tus metas

_____llamadas = _____citas

_____citas= _____ventas (tratos cerrados)

Usa estos resultados para crear tu estrategia de ventas.

040

No todos los clientes son iguales

Estamos rodeados de diversidad y las relaciones con clientes no son la excepción. Puede ser que encuentres clientes involucrados y energéticos, pero también puede ser que te topes con algunos completamente relajados. Es recomendable que en cuanto empieces cualquier relación, encuentres claves sobre su estilo de trabajo para sacarle el mayor partido a ese contacto.

Por ejemplo, si estás trabajando con un cliente muy involucrado, inclúyelo, comunícate constantemente y busca retroalimentación. Por otro lado, con un cliente relajado brinda actualizaciones esporádicas que sean fáciles de leer y entender sin tener que entrar en demasiados detalles.

Tener la flexibilidad de trabajar con diferentes tipos de clientes te puede dar una ventaja competitiva y también ayudara a crecer el negocio.

¿Qué puedo hacer esta semana para adaptarme a mis clientes actuales?

¿Cuáles características puedes definir con tus clientes actuales?

¿Qué es lo que puedes hacer para adaptarte a esos estilos de comunicación?

Envía tarjetas de agradecimiento

Una simple nota de agradecimiento escrita a mano te puede llevar muy lejos. Como empleada e "intro empresario" (un empresario dentro de otra empresa), escribí más de cuatro mil tarjetas de agradecimiento en tres años. Todos los viernes me tomaba tiempo para hacerlas a todas las personas con las que me había reunido esa semana.

Este detalle me permitió crear una conexión emocional con la mayoría de las personas que había contactado y al mismo tiempo creaba buena impresión. El tomarme el tiempo de escribir esas tarjetas cada semana ha sido una de las actividades más poderosas en mi carrera para desarrollar relaciones. ¡Tú también usa esta táctica para establecer buenas relaciones!

Escribe a quienes vas a mandar una carta de agradecimiento esta semana:

_____

_____

_____

SendOutCards.com ha sido una gran herramienta de ayuda para mí, te invito a que la utilices. Puedes hacerla en línea y la persona que se la mandes la va a recibir por correo. Lo bueno es que puedes usar tu letra también.

042

¿Tienes tu base de datos de contactos?

Construir tu lista de contactos jamás había sido tan importante como ahora. Yo he estado elaborando la mía desde los últimos años, activamente conectando con personas increíbles en el camino. Esta lista ha valido para los negocios y ha servido de catapulta para grandes oportunidades de crecimiento.

Comencé a hacer mi lista de contactos cuando tenía 18 años, y aunque nadie me dijo que debería de constituir una, yo sabía que algún día iba a ser benéfico para mi carrera. Acudí a varios eventos, me hice miembro de organizaciones y di presentaciones a grupos de negocios, siempre juntando tarjetas de negocios.

Nunca es demasiado tarde para empezar tu propia lista de contactos. Puedes comenzar asistiendo a eventos, buscando referencias, incluyendo un registro en tu página de internet, haciendo promociones con otras compañías, etc.

Escribe las dos actividades que realizarás esta semana para empezar a construir tu lista de contactos:

_____

_____

¡Nunca es demasiado tarde para empezar a construir la tuya!

Demuestra lo que puedes hacer

Vivimos en la generación del "ahora". Todo el mundo quiere las cosas "ahora". Algo que hemos aprendido con la generación Y y la X es que tenemos un sentido de derecho en los negocios: la actitud "yo". Pero el problema es que debes de estar dispuesto a dar antes de recibir. Este sentido de "me tienes que dar este aumento porque soy yo, me tienes que dar este contrato porque soy yo, me tienes que dar lo que pido porque soy yo", no funciona para crear relaciones auténticas. Ese precisamente es el problema. Es importante saber que puedes hacer una diferencia en tu carrera si comienzas dando tú, demostrando lo que puedes hacer y poniendo a la vista el valor que puedes brindar a esa relación.

Una de las cosas que hice anteriormente fue crear un departamento de mercadotecnia en una empresa en la que trabajaba. Por mucho tiempo excedí las expectativas sin pedir un aumento de sueldo. Generaba ganancias y constituí una nueva cartera de clientes (nadie me dijo esto, yo sólo lo sabía en algún lugar de mi mente muy probablemente desde mis primeros libros de Zig Ziglar y Dale Carnegie) supe que para solicitar un aumento de sueldo, tendría que demostrar cuánto valía, así que pasé todo un fin de semana escribiendo todo lo que había aportado a la compañía y todo lo que estaba aún dispuesta a hacer para seguir colaborando. Escribí una lista con más o menos treinta viñetas y redacté un párrafo de introducción.

Me senté con los dos dueños, les entregué mi carta y les pregunte: "¿Podrían darme cinco minutos de su tiempo por favor?" Ninguno tenía demasiado tiempo, así que me centré en mencionar los puntos que escribí en viñetas. Se quedaron impresionados porque no estaban al tanto del valor que yo había brindado a la organización. Los vi directamente a los ojos y les dije: "Necesito un aumento de $10,000". En ese momento, ellos se hicieron una seña, y obtuve un aumento de $6,500 y dos meses después me aumentaron otros $3,500; además, comencé a recibir comisiones.

A pocos meses de mi solicitud inicial (dada la forma en la que logré posicionarme: demostré mi valor antes de esperar obtener algo y manifesté compromiso para lograr lo propuesto) recibí un aumento de $10,000. Cuando cuento esta historia, la gente se queda impresionada porque piensan que nadie te da un aumento de tanto dinero. Pero en realidad, lo que importa es como te presentas. Así que, si superas las expectativas y si das antes de recibir, podrás construir una relación genuina y obtener al final todo lo que quieres. Todo lo que deseas (y más) estará ahí para ti.

Enlista requisitos de tu trabajo o de un proyecto que tengas con algún cliente.

Selecciona alguna responsabilidad adicional con la que puedas contribuir en las siguientes semanas, y reporta esa actividad constantemente a tus superiores o a tus clientes.

Trabaja para superar estos requisitos en los siguientes 6 meses.

Todo lo demás llegará solo.

Escucha atentamente, vale la pena

Por lo general pensamos en nosotros y en lo que queremos, pero la primera reunión con un prospecto se trata de escucharlos a ellos, porque lo que les importa es cómo vas a crear un impacto en su negocio. Centra la conversación en ellos, tú tienes dos oídos y una boca, por eso puedes escuchar el doble de lo que hablas. Escuchando conocerás las necesidades y deseos de tus clientes, te podrás conectar con ellos, sabrás lo que están buscando y todo esto llevará a un final feliz para todos. También, estarás construyendo una relación de por vida.

En todas las juntas que tengas hoy, escucha. Haz que todo gire en torno a la persona con la que te encuentras.

Enlista tres formas en las que te puedes convertir tu atención a escuchar de verdad.

_____

_____

_____

045

Demuestra que te importa...

"A la gente no le importa cuánto sabes, sino cuánto te importa" (Tom Gosche «*El Estratega de Negocios*»), él me dijo entusiasmado durante una conversación. Explicó que si no les das a tus clientes algo más que un producto o servicio, no estás haciendo un buen trabajo. No te preocupes demasiado por la presentación o el producto, sino por crear una conexión con tu prospecto. Por ejemplo, escucha el doble de lo que hablas durante la presentación, repite los comentarios con tus propias palabras para asegurar el entendimiento mutuo y para hacerles saber que estás poniendo atención a lo que dicen.

La gente quiere hacer negocios con personas en las que pueden confiar, así que demostrarles a tus clientes que te importan, puede significar trabajar de nuevo juntos y crear una relación perdurable. En pocas palabras, entre más des, más obtendrás de regreso.

¿Qué vas a hacer esta semana para demostrar que tus clientes te importan de verdad?

_____

_____

_____

¿Qué es lo que quieres lograr?

Muchas veces nos comprometemos en relaciones con clientes buscando nuestra recompensa, pero en realidad nos debemos de enfocar en la recompensa que el cliente va a obtener. Visualiza cómo tus servicios crearán un impacto para tus clientes y ten en cuenta que el resultado final debe de ser su éxito. Cuando te concentras en ello, puedes llevar a cabo acciones que te dirijan a una relación de negocios duradera. Estás ahí para lograr el éxito para ellos y, aunque no sea inmediato, tus clientes sabrán que los apoyas en cada paso que dan y sentirán que tu energía está enfocada en hacerlos a ellos exitosos.

Pregunta a tus clientes qué resultado final esperan de su relación contigo, al hacer esto construyes una buena reputación para ti, creas un lazo emocional y fomentas la lealtad.

¿Cuál es el resultado final que tienes en mente cuando te comprometes con un cliente?

Ten un resultado final en mente en cada etapa del proceso y comunícalo a tu cliente.

047

Alimenta constantemente el embudo de ventas

Siempre habrá altibajos, de hecho esa es la naturaleza de los negocios, el efecto de la montaña rusa. Para minimizar dicho efecto, debes de alimentar constantemente el embudo de ventas. ¿Cuántas llamadas harás esta semana? ¿Cuántas presentaciones tendrás? ¿Cuántas llamadas telefónicas se concretan en reuniones? Define tu estrategia de ventas de tres a seis meses. Como profesional de los negocios, define lo que debes hacer para minimizar el efecto de la montaña rusa.

Determina tres actividades que tengas que realizar constantemente para alimentar tu embudo de ventas.

_____

_____

_____

Visita www.bizsecretsthatwork.com / funnel.pdf para descargar una plantilla embudo de marketing/ventas.

048

¿Sirves bien a los clientes?

El buen servicio no es un evento, pero un estilo de vida y rutina. Todos los negocios dicen que tienen buen servicio al cliente, pero éste no es un hecho estático sino un proceso cambiante que constantemente provoca movimiento y nuevos retos. Cada proyecto que pones en marcha es una prueba para tu servicio al cliente, porque no se trata de hacer una cosa buena un día, sino estar al pendiente constantemente.

El servicio es lo que diferencia a tu empresa de otras y te ayuda a crear un vínculo emocional con tus clientes. Si quieres que ellos se sientan bien, tienes que ir más allá para proveerles un buen servicio.

Escribe formas en las que puedas reforzar tu servicio al cliente.

_____

_____

_____

Ponlas en marcha.

049

Sé firme y confía en tus tarifas

Conoce el valor de cobrar por tus servicios. Muchas veces, nosotros nos flexibilizamos para adaptarnos a las necesidades de otros sin hacer compromisos por ello. Si cambias tus tarifas sin compromisos el cliente lo tomará como una debilidad de tu parte y creerán que tu servicio no valía lo que estabas cobrando al principio. Si vas a acomodar precios, tu cliente tiene que hacer compromisos también. Tienes que estar dispuesto(a) a decir que no y dejar ese proyecto si es necesario, porque esa actitud les demuestra a los clientes que tú no eres un tapete. Es importante que te mantengas firme en tus precios porque nadie tiene el derecho de aprovecharse de ti. Nada puede acabar con tu negocio tan rápidamente que mover tus tarifas dependiendo el cliente y sacrificarte.

Negocia. Cada vez que alguien toma algo, tú debes de tomar algo también. Si vas a bajar el precio, tienes entonces que quitar algo del servicio que provees para que sea justo.

Sé firme en el precio y la gente te respetará más.

No adivines

Ponerte a adivinar qué es lo que los clientes quieren y cómo resolver sus problemas no te va a llevar a ningún lado. Vivimos en un mundo que se ha hecho pequeño gracias a la tecnología. Ya sea que tu cliente se encuentre a varias cuadras de distancia o al otro lado del mundo, el cambio de paradigmas en las comunicaciones en los últimos años, ha hecho mucho más fácil para nosotros obtener datos casi al instante. Cualquiera que sea la pregunta o problema, existen soluciones y fuentes de información; así que aprovecha la tecnología y pregunta e investiga. Deja de adivinar. Solicitar la información correcta puede ser la diferencia entre conseguir un cliente importante o no.

Esta semana, no adivines.

Realiza alguna de las siguientes actividades:

☐ *Toma el teléfono y entrevista a tus clientes.*

☐ *Investiga un tema del que no tienes conocimiento.*

☐ *Encuentra estadísticas de fuentes legítimas y confiables.*

051

Encuentra grandes empresas con grandes presupuestos

Cuando tienes pequeñas compañías como clientes es necesario que tengas muchas de ellas, pero cuando te alineas con una empresa más grande tienes la oportunidad de trabajar en proyectos más grandes. Investiga y encuentra toda la información que necesites sobre un prospecto. Hay mucha más estabilidad en una empresa de mayor tamaño, lo que le dará a tu negocio también estabilidad y algo muy importante: credibilidad. Esto te ayudará a diversificar y hacer crecer a tu negocio.

Toma en cuenta que el ciclo de ventas para una compañía grande es más tardado y más complicado que para empresas pequeñas.

Identifica un negocio conocido o una empresa que puedas conseguir como cliente.

La compañía que te gustaría abordar como posible cliente es:

_____

_____

¡Asegúrate de ofrecerles buen servicio! ¡Y no te dejes intimidar!

Sé específico en tus propuestas

Si no eres específico(a) en tus propuestas, la gente no tiene una idea de personalización de el servicio y creen que son un número más en tu lista de clientes. Si presentas información veraz y objetiva sobre la compañía a la que mandas tu propuesta, los clientes quedarán impresionados y sabrán que los escuchaste con atención. Los negocios pequeños tienen la habilidad de conectarse verdaderamente con sus prospectos la mayoría de las veces porque el dueño del negocio es el que presenta la propuesta. Por eso, las propuestas son una forma de demostrar que comprendes las necesidades de tus futuros clientes.

¡Utiliza esta herramienta inteligentemente!

Echa un vistazo a tus propuestas actuales.

¿Qué puedes agregar para hacerlas más personalizadas para cada cliente?

053

Ten prioridades

Esta es la clave para mantener control en nuestras vidas, porque tendemos a creer que todo es urgente y todo es importante, pero no es así. Hay algunas cosas que tenemos que terminar hoy, pero lo demás no es urgente. Quieres tener el control de todo pero tienes que entender que no es posible. Tienes que tener prioridades, porque así encuentras el tiempo de hacer las cosas que son realmente importantes.

Haz una lista de las actividades que tienes que realizar y subraya las tres que son prioritarias.

_____

_____

_____

Concéntrate en esas prioridades el día de hoy y no te distraigas con los otros puntos de la lista.

Enfócate en el crecimiento sostenible

Si algo suena muy fácil, es posible que no sea una manera inteligente de hacer crecer tu negocio. El crecimiento sostenible está basado en un fundamento de conducta ética y en ser auténtico y leal a ti mismo y a los demás. Concéntrate en actividades que te acerquen a tus objetivos. Comúnmente cuando algo crece demasiado rápido, corre el riesgo de colapsar demasiado rápido también.

¿Qué es lo que imaginas para tu crecimiento?

_____

_____

¿Qué paso vas a dar para procurar tu crecimiento sostenible?

_____

_____

055

Crea un vínculo emocional

Cuando te enfocas en construir relaciones, creas una conexión emocional. Este es mi credo, la forma en la que vivo mi vida. Creo relaciones con la gente con la que entro en contacto: empleados, clientes, vendedores. Una de las formas más importantes de crear vínculos emocionales es escucharlos y estar siempre presente para cada uno de ellos. No sólo oigas, *escucha* y crearás una relación de por vida.

Las palabras "conexión emocional" se han convertido en parte de mi vida diaria. Si un cliente tiene un gusto especial como los perros, por ejemplo, puedes mencionar algo relacionado durante la conversación o darle un regalo para su mascota.

Crear un vínculo emocional se trata de pensar en la otra persona y hacerla sentir importante. El fundamento de la vida es crear relaciones autenticas con la gente con la que convives profesional y personalmente.

Esta semana haz algo especial por una persona basándote en algunos de sus intereses personales.

¿A quién?

¿Qué haré?

Puedes saber más de la persona simplemente preguntando.

Promueve tu negocio con apoyo de terceras personas

Todo negocio requiere de presencia y atención. Confiamos sólo en nosotros mismos para hacerlo todo, pero no necesariamente tiene que ser así. De hecho, puedes crear una forma en la que la gente se refiera a tu negocio constantemente, enfocándote en los resultados de tus clientes. Inevitablemente, otros negocios empezarán a correr la voz sobre tu empresa si tienes buenos resultados.

Cuando alguien habla de ti, es 10 veces más efectivo que cuando hablas de ti mismo. Si logras resultados, habrá más gente hablando ti y al mismo tiempo atraerás más clientes.

¿Qué quiero que mis clientes comenten sobre mi negocio con los demás?

_____

_____

¿Cuál es la reputación que quiero crear para mi negocio?

_____

_____

¿Qué es lo que voy a hacer para convertirlo en realidad?

_____

_____

057

Pez pequeño, pez grande, tú decides

El mismo tipo de trabajo. La mitad de precio. ¡Tú decides!

Es curioso cómo un cliente pequeño que paga sólo una fracción del costo pude exigir más de tu tiempo y energía. Seamos claros, estamos en el negocio para hacer dinero y está bien trabajar con empresas chicas, pero ten cuidado y no dejes que la relación se convierta en un círculo vicioso de exigencias innecesarias.

Enlista tres de tus clientes pequeños más exigentes:

	$	Número de horas
Cliente 1.		
Cliente 2.		
Cliente 3.		

¿Cuánto estás ganando con cada uno de estos clientes?

$_____/_____horas trabajadas

=_____ tarifa por hora
      (divide)

Ahora haz lo mismo con los tres clientes menos exigentes que tienes:

               $ Número de horas

Cliente 1. _____

Cliente 2. _____

Cliente 3. _____

¿Cuánto estás ganando con cada uno de estos clientes?

$_____/_____horas trabajadas

=_____ tarifa por hora
      (divide)

¡Haz la cuenta!

Trabajar con clientes que te representan ganancias, te va a liberar tiempo y al mismo tiempo te sentirás con más energía.

Sección III

Marketing

La mercadotecnia es una herramienta fascinante, que puede ser la diferencia entre el éxito y la sobrevivencia o fracaso de un negocio. En este mundo siempre tan cambiante, la variedad de herramientas de mercadotecnia es infinita. No existen límites en las maneras en las que puedes promocionar tu negocio. Estos consejos poderosos te brindarán los consejos prácticos y efectivos que necesitas para logar el éxito en tu negocio.

058

¿Quién es tu cliente ideal?

El aspecto más importante de la mercadotecnia es identificar a tu público meta. Muchas empresas gastan dinero promoviéndose para la audiencia incorrecta. Como dueña de una agencia de mercadotecnia mi trabajo es ayudarle a los clientes a identificar a la audiencia correcta, que consiste en tomar en cuenta aspectos demográficos (género y edad), geográficos (ubicación física) y psicográficos (estilo de vida). Entre mas información se pueda obtener, habrá mayor oportunidad de aprovechar tus inversión en tus promociones.

Define las siguientes características de cinco de tus clientes mas importantes o tus clientes ideales:

Edad	Género	Raza
Ingresos	Educación	

1. _____

2. _____

3. _____

4. _____

5. _____

Observando lo que escribiste de tus cinco clientes, te podrás dar cuenta de cierto patrón. De todos ellos, identifica con quienes disfrutas más trabajar. Al promover tu negocio, mantén un enfoque definido y el resultado hablará por sí mismo.

¿Cuál es tu identidad como negocio?

¿Has preguntado a tus clientes qué quieren? ¿Has preguntado cuál es su visión de tu negocio y el impacto que tiene en sus empresas? Estas respuestas te permiten ver objetivamente a tu empresa y a tu marca, que es el recurso más valioso que tienes. Por ejemplo, cuando piensas en Apple piensas en calidad, frescura y tecnología con tan sólo ver la marca. Cuando piensas en McDonald's piensas en comida rápida, precios accesibles y consistencia. Tienes que introducirte en las mentes y los corazones de tus clientes para saber cómo los hace sentir tu marca.

Invita a un grupo de clientes a un desayuno donde puedas entrevistar a tus clientes para preguntarles directamente su perspectiva de tu compañía.

Basándote en los resultados, considera si es necesario redefinir tu compañía o hacer pequeños ajustes.

060

Comunícate con mensajes claros a tu clientela

Un paso muy importante a realizar, una vez que has definido a tu cliente ideal, es definir los mensajes que se quedarán con ellos. Puedes hablar de sus intereses, gustos y hasta de eventos especiales. Los programas que incluyen cumpleaños y aniversarios siempre son exitosos porque estás poniendo atención en algo que es importante para ellos, es decir, que al tomarte el tiempo para saber lo que les interesa, estás conectando con ellos a un nivel emocional. Por eso, los dos aspectos que hay que considerar cuando creas mensajes clave para tu audiencia son: a) momento oportuno y b) relevancia.

Recuerda, no tienes que ser ni hacer todo para todos, está bien sólo definir quién es tu cliente ideal.

Comunícate a su nivel cuando hables con ellos y recuerda: momento oportuno y relevancia.

Haz una encuesta a tres de tus clientes con las siguientes preguntas:

¿Cómo supiste sobre nosotros?

¿Por qué nos escogiste?

¿Qué es lo más importante para ti de nuestra relación? (valor y beneficios)

¿Cuándo es tu cumpleaños y aniversario?

061

Usa los medios correctos

La mercadotecnia puede construir o destruir un negocio. Definir el mercado meta y los mensajes clave es tan importante como escoger las vías correctas para llegar a los clientes. Por ejemplo, no es probable que un producto para personas mayores tenga mucho éxito si se promociona por medio de redes sociales. Una comunidad de gente de mayor edad simplemente no se va a sentir tan cómoda usando nuevas tendencias de promoción. Por el contrario, les gustará más que llegues a ellos por correo regular o catálogos. Usar los medios correctos para alcanzar a tu público te puede ahorrar mucho tiempo y dinero.

Define tres medios de promoción que puedes usar para alcanzar efectivamente a tu cliente ideal:

1. _____

2. _____

3. _____

Lista de muestra:

- *Referencias como promoción de terceras personas.*

- *Cruzar (presentar otros productos) y vender más del mismo producto (ascenso de categoría de productos existentes)*

- *Presentarte como experto.*

- *Anunciar tu producto sin costo por sitios de internet.*

- *Organizar un evento de inauguración.*

- *Construir una lista de clientes y prospectos.*

- *Crear un comunicado de prensa con un enfoque único.*

- *Agendar una conferencia de prensa.*

- *Publicitarte en un periódico o radio local.*

- *Crear un boletín informativo o correo electrónico.*

¿Tienes un plan de promociones?

La mercadotecnia es crucial para el éxito de cualquier negocio. Es lo único que puedes crear, cambiar o controlar para lograr un impacto en el resultado final. Un buen plan de promociones debe de incluir los siguientes elementos:

1. Información sobre la compañía

2. Identificadores de marca

3. Análisis FODA (Fortalezas, Oportunidades, Debilidades, Amenazas)

4. Estrategia y tácticas

5. Ciclo de mercadotecnia

6. Calendario de mercadotecnia

El plan de mercadotecnia es un mapa que conduce al éxito. Es generalmente usado como una parte del plan de negocios y como ayuda para obtener préstamos e inversiones. Además, un buen plan de mercadotecnia te será de apoyo cuando tengas que demostrarle a tus inversionistas cómo planeas crear ganancias.

Crea o revisa tu plan de mercadotecnia este mes.

¿Cuál de los seis elementos puedes reforzar para mejorar tu plan de mercadotecnia?

¡Tener un plan de mercadotecnia conducirá tu negocio al éxito!

063

Crea un calendario

Un plan de mercadotecnia debe incluir un calendario, que es la visualización concreta de la estrategia de mercadotecnia. Muchos negocios tienen plan de mercadotecnia pero no lo ponen en marcha probablemente porque no lo entienden.

Tener un plan de mercadotecnia cronológico visual ayuda a la empresa a entender el plan de manera completa y por lo tanto, ejecutarlo correctamente y de manera oportuna.

El calendario puede abarcar tácticas para los siguientes tres años, un año o simplemente la duración de un solo proyecto.

Crea un calendario de mercadotecnia hoy mismo.

Visita www.bizsecretsthatwork.com/mktcalendar.pdf *para obtener un formato de calendario gratis.*

Haz más, no menos

En los negocios, cuando las finanzas van mal lo primero que se corta del presupuesto es la mercadotecnia. Esto se debe a que las empresas no se dan cuenta de lo importante que es, especialmente durante las épocas difíciles.

De acuerdo a una encuesta de Mc Graw &Hill realizada después de la recesión de 1981-1982, las compañías que continuaron con sus planes de mercadotecnia ganaron un promedio de 256 por ciento en cuota de mercado para 1985 y además obtuvieron una gran lealtad de los clientes. Hay muchas formas económicamente efectivas para promocionar tu negocio.

El mundo es tu mercado. Utiliza técnicas que te permitan, con presupuesto limitado, alcanzar una mayor parte de tu mercado meta.

Haz una lista de lo que puedes hacer esta semana para promocionar tu negocio.

Puedes considerar crear un boletín informativo, asistir a algún evento, abrir una cuenta en redes sociales, mandar mensajes de texto en forma masiva con un sistema o actualizar tu página de internet.

065

¿Estás en constante comunicación con tus clientes?

Los comunicados impresos o electrónicos son muy importantes; tal como boletines informativos –enviados a los clientes o prospectos–, correos electrónicos, mensajes por redes sociales o cualquier medio que te permita estar en contacto frecuente y regular con tus clientes.

Te debes de mantener en contacto con ellos para generar oportunidades, incrementar ingresos, tener una conexión emocional y obtener credibilidad y lealtad. Para lograr todo esto, simplemente mantente en contacto frecuente con las personas con las que haces negocios. Además le da a tu empresa sensación de estabilidad.

¿Qué tipo de comunicación frecuente lanzarás esta semana? Puede ser un boletín, actualizaciones en redes sociales o mensajes de texto. Asigna un calendario para estas comunicaciones y mantén la consistencia.

¿Sabes lo que pasa en tu industria?

Es posible que nos estanquemos en las tendencias del mercado, pero éste siempre va a seguir evolucionando. Por eso es importante que incluyas las novedades, como redes sociales o interesar a más gente en tu sitio de internet para generar más trabajo. Entérate de qué está cambiando dentro de la industria haciendo investigaciones o leyendo artículos sobre el tema.

¿Qué está pasando en la industria a la que tu negocio pertenece? ¿Cómo puedes aprovechar los cambios que están sucediendo? ¿Existe quizá una nueva ley o regulación que te dé oportunidades diferentes?

Esta semana, invierte tiempo investigando y leyendo artículos sobre las nuevas tendencias del mercado.

Aprovecha tus oportunidades y genera más ingresos.

067

¿Tienes buena reputación?

Todas las mañanas, leo "The Optimist Creed" (*El Credo del Optimista*) de Christian D. Larson: "Me prometo a mí mismo ser tan fuerte que nada pueda alterar mi paz mental. Hablar de felicidad y prosperidad con cada persona que encuentre. Hacer sentir a mis amigos que hay algo en ellos que vale mucho la pena. Ver el lado brillante de todo y hacer que mi optimismo se vuelva realidad. Pensar sólo en lo mejor, trabajar para lo mejor y esperar sólo lo mejor. Ser tan entusiasta del éxito de otros como lo soy del mío. Olvidar los errores del pasado y avanzar hacia los logros del futuro. Llevar conmigo una expresión alentadora y sonreír a cada creatura que encuentre. Dar tanto para mejorarme que no tenga tiempo de criticar a los otros. Ser demasiado grande para preocuparme, demasiado noble para enojarme, demasiado fuerte para temer y demasiado feliz para permitir la presencia de problemas. Pensar bien de mí y declarar este hecho al mundo, no en palabras fuertes, sino en grandes acciones. Vivir con la fe de que todo el mundo está de mi lado siempre que yo me mantenga fiel a los mejores valores dentro de mí".

Mi padre tenía un dicho: "Crea fama y échate a dormir". Y yo estoy en parte de acuerdo con esta frase. Yo no quiero crear buena reputación y echarme a dormir, lo que quiero es crear buena reputación y seguir fomentándola porque al final tú tienes la responsabilidad de seguir construyendo una buena opinión. La forma para lograrlo es siempre hacer lo correcto y seguir a tu corazón. El fundamento de todo buen negocio es la integridad. Cuando creas una buena reputación, todo lo demás viene a ti: oportunidades de negocios, dinero y cualquier cosa que desees, porque tú le das razones a la gente para contactarte y hacer negocios contigo. "The Optimist Creed" me recuerda eso cada mañana.

Tú construyes una excelente reputación cuando esperas lo mejor de ti y lo vives a diario, así que compártela con clientes, socios, colegas e incluso con tu familia.

Escoge una de las siguientes casillas para desarrollar esta semana:

- Define 3 de tus valores más profundos
- Da tu palabra y mantenla
- Dile a tus clientes que tendrás algo hecho en 7 días y hazlo en tres.

Una excelente reputación es creada por una persona por medio de sus acciones cada día.

068

¿Te ve la gente como experto?

No puedes ser todo para todos, por eso, definir tu especialidad de negocio y mercado es esencial. Si tienes una compañía de servicio de comida, puedes definirte con algún segmento de especialidad; por ejemplo, el mejor servicio para eventos corporativos y seguir esa línea o por cierto tipo de comida. Esto no quiere decir que no puedes brindar servicio en otro tipo de eventos, sino simplemente te estás posicionando como experto en una área, recomendablemente, la que te produce más ganancias. Lograr presentarte como experto en algo específico no sólo abre nuevas puertas en tus negocios, también te da visibilidad.

¿En qué actividad eres el mejor? ¿Qué medida vas a tomar para que te des a conocer por tu especialidad?

069

Busca oportunidades para hacer presentaciones

¿De qué otra forma podrías ponerte al frente de un número considerable de nuevos clientes? Haciendo presentaciones o talleres. De este modo es posible que compartas tu experiencia y habilidades, te puedes dar a conocer y lo más importante, puedes generar interés. Muchas organizaciones locales buscan a expertos para presentar en ciertos temas de los que puedes contribuir.

Escribe una lista de temas de los que te guste hablar:

1. _____

2. _____

3. _____

4. _____

5. _____

¿Qué organizaciones puedes llamar esta semana para empezar a presentarte como experto?

070

Maximiza recursos

La mayoría de los negocios no usan sus recursos sabiamente (membresías, fondos asignados, contactos, etc.). Maximizar tus recursos puede ser la diferencia entre gastar tiempo y dinero o ganar éxito creciente. Debes determinar cómo estás utilizando tus recursos y optimizarlos para obtener lo que valen. Motívate a aprovechar tus recursos lo más posible.

Haz una lista de elementos que tienes que no estás usando al máximo.

¿Qué vas a hacer hoy para optimizar esos recursos?

Encuentra premios locales

Todo negocio requiere de visibilidad y siempre hay oportunidades de recibir premios locales. No importa si el premio es grande o pequeño, el reconocimiento que conlleva es invaluable. Puedes nominar a tu empresa para un premio, pues con una simple nominación las oportunidades de promoción son inmensas.

Por ejemplo, podemos tomar mi experiencia como ganadora de varios premios. Fui nominada y después una de las dos finalistas para la Empresaria Latina del Año y aunque no me llevé el premio a casa, toda la promoción antes, durante y después de la gala fue impresionante. El equipo de grabación vino con cámaras a mi oficina para el video de la ceremonia (algo así como los premios Oscar pero en menor escala por supuesto), la información fue publicada en el sitio de internet de la organización y fue enviada a más de 45,000 miembros inscritos. El valor de esta promoción fue increíble, pude ver el aumento inmediato en mi negocio.

Investiga sobre premiaciones en tu región.

¡Nomina a tu empresa!

072

Todo se basa en la mercadotecnia

Existen muchas oportunidades de promoción para tu empresa, aunque algunas de ellas pasen desapercibidas. Como el asistir a un evento para hacer contactos y desarrollar una fuerte campaña de seguimiento, poner nueva información sobre tu empresa en tu sitio web, participar en redes sociales, crear una firma para tus correos electrónicos, distribuir un boletín de noticias, publicitarte en diarios locales y directorios en línea, etc.

Por ejemplo, si vas a dar un discurso o presentación en algún evento, asegúrate de anunciarlo en tu boletín informativo, página electrónica y periódicos semanas antes. Durante la presentación, distribuye y vende tu libro, "White paper" u hoja de explicación de tu empresa para los clientes, o membresía y recaba información sobre la concurrencia. Pasado el evento, comienza una campaña de seguimiento y agrega a los nuevos contactos a tu base de datos para reforzar relaciones futuras con ellos.

Cada aspecto de tu negocio puede ser puesto a la vista de todos a través de múltiples medios de promoción. Teniendo en mente que es necesario escuchar de 5 a 7 veces el nombre de tu negocio para los clientes la recuerden, sería muy buena idea que utilizaras cualquier oportunidad para mencionarla. Tienes que pensar de una manera creativa cuando se trata de mercadotecnia, abarcando todas las posibilidades en las que puedes promocionar y vender tu producto, servicio o evento para maximizar resultados.

Define un aspecto de tu negocio que puedas promover este mes:

_____

_____

Haz una lista de los medios que utilizarás:

Busca la forma de aprovechar tu presencia en el mercado con costos razonables todo el tiempo.

073

Haz una diferencia en el mercado

Para crear un negocio que cambie los paradigmas, tendrás que adaptarte constantemente a las circunstancias dentro del mercado. Basándote en los comentarios por parte de tus clientes, visualiza cómo sería si tu negocio no existiera. ¿Qué diferencia estás logrando en sus vidas? La particularidad que les provees hace la diferencia. Piensa como individuo y reflexiona sobre el impacto que tienes cuando te comprometes a trabajar con otra compañía.

¿Tendría éxito tu cliente en su proyecto si no hubieras estado ahí? Medita sobre el impacto que tienes en el mercado y tu reputación en la industria. Cuando tomas decisiones que vienen de tu corazón y buscas hacer una gran diferencia en tu entorno, te conviertes en un imán hacia el que la gente se siente atraída.

Piensa en alguno de tus clientes y la forma en la que has ayudado. ¿Cómo sería para ellos si tu compañía no existiera?

No se te olvide escribir tus ideas

Escribir las ideas que nos vienen a la cabeza ayuda a concretarlas y las pone en perspectiva para su evaluación y ejecución. Todos tenemos muchas ideas, pero a veces, van desapareciendo en el aire como humo. Hace varios años decidí conscientemente capturar todas mis ideas, algo similar como una lluvia de ideas, sin ser crítica al respecto. Decidí tomar todas esas ideas, escribirlas, analizarlas y lograr que sucedieran. Hay algo mágico en escribir lo que deseas, te ayuda a acercarte a tus metas.

Escribe tres ideas para evaluarlas:

_____

_____

_____

Califica cuán acertadas son en escala del 1 al 10

Idea 1. _____

Idea 2. _____

Idea 3. _____

¡Haz que sucedan!

075

Comparte las buenas oportunidades con otros

Has recibido una invitación para un evento que representa una gran oportunidad para conocer nuevos prospectos y tienes cinco entradas exclusivas para dicho suceso pero decides que dárselos a alguien más puede opacar tu presencia. ¿Qué hacer en ese caso? ¿Dárselos a tus colegas o los guardas para ti? La verdad es que hay oportunidades para todo el mundo y es bueno compartir con otros cuando tienes la posibilidad, porque eso significa que tú recibirás oportunidades en intercambio. Así que ¡prepárate para el evento y renta una limosina para ti y tus colegas también!

¿Hay -en este mes- algún evento que puedas compartir con alguno de tus colegas?

Evento: _____

¿Quién será tu invitado VIP? _____

_____

076

¿Sabes lo que es necesario para un evento exitoso?

En todos mis años de experiencia asistiendo a eventos para clientes, me he percatado de que las personas incluyen un ingrediente pero dejan fuera algunos otros, o sea que no aprovechan todas las oportunidades que el acontecimiento les puede brindar. Si no defines los ingredientes para un evento exitoso, puedes perder la ocasión para darte a conocer, captar atención y brillar ante los clientes, prospectos, vendedores y medios de difusión.

Cuando convocas a eventos, ceremonias e inauguraciones, te colocas frente a los reflectores; por eso, cada elemento debe de provocar un impacto. Hay ciertas cosas que debes de incluir: tienes que encontrar un lugar conveniente, ofrecer comida y bebida, entretenimiento, una presentación, contratar a un fotógrafo que capte los momentos clave, rifas, regalos, oportunidades para hacer contactos, oportunidades para patrocinadores, servicio impecable, una organización sin fines de lucro (lo que por lo general conduce a la atención de los medios de comunicación).

Los eventos pueden reforzar tu negocio, crear credibilidad, construir confianza, conseguir el apoyo de terceras personas y realzar oportunidades para exhibir tu éxito. Además, logras conectar con las personas emocionalmente y consolida tus relaciones.

El entretenimiento crea un ambiente. Cuando la gente asiste a este tipo de sucesos, va con la intención de hacer contactos. Todos estos elementos funcionan en conjunto porque son los componentes para un evento exitoso.

Tú adquieres beneficios cuando realizas un evento: logras credibilidad, entras en contacto con tu público, ganas la aprobación de terceras personas, demuestras tu éxito, llamas la atención de los medios y refuerzas relaciones y oportunidades de negocios.

¿Cuál es el próximo evento que vas a organizar?

Fecha: _____

Los ingredientes para un evento exitoso (sin orden específico)

- *Lugar*
- *Comida y bebidas*
- *Entretenimiento*
- *Presentación*
- *Fotógrafo*
- *Regalos*
- *Rifa*
- *Medios*
- *Oportunidades de contactos*
- *Patrocinadores*
- *Servicio impecable*

¡Comienza a planear asegurándote que tienes todos los elementos para lograr el éxito!

Lanza un boletín informativo (impreso o electrónico)

Un boletín informativo es importante porque no sólo crea lealtad de los clientes, sino que también te clasifica como experto, establece un medio para la comunicación constante y te brinda oportunidades de negocio. Hace más de seis años lancé mi boletín "Make It Happen" (Haz que suceda), el cual fue una de las primeras lecciones que aprendí en la vida, que se me quedó muy bien grabada.

Los boletines informativos (electrónicos o impresos) te brindan un motivo para estar siempre en contacto con tus clientes, colegas, vendedores y aliados estratégicos. Es una gran herramienta. Desde el principio incluí a negocios locales para darles visibilidad en el mercado y ahora el boletín es el fundamento de gran parte de mi éxito. Ha ido mejorando cada vez y me ha traído más beneficios de los que pude haber imaginado, porque incrementa mi posibilidad de ingresos y se ha convertido en una plataforma para que la comunidad emprendedora local exponga su conocimiento.

He incluido en mi publicación todo tipo de eventos locales y de pronto encuentro gente que me dice: "Jackie, estoy aquí porque vi el evento en tu boletín". Me he dado cuenta que las personas esperan recibir mi boletín y muchas veces lo comparten con alguien más, lo cual me abre oportunidades porque la gente encuentra valor en mi revista. Es algo que puede empezar pequeño como una semilla y después crece, por eso es recomendable ser consistente. Manda tu boletín alrededor de la misma fecha cada mes para que la gente empiece a esperar su llegada con entusiasmo.

Los boletines están destinados a crear lealtad. El contenido debe de ser 85% educacional y 15% promocional. Toma tiempo, pero es tiempo bien invertido. Define los elementos sobre los que tu audiencia quiere informarse y comienza a mandarles noticias. Sin hacer preguntas, sólo hazlo y empezarás a ver las relaciones mágicas que formas con eso.

Define un calendario de circulación para distribuir tu boletín (semanal, cada mes, o cada tres meses) y mantente firme. Cosas increíbles vendrán a ti de manera incalculable: puedes construir relaciones, convertirte en un(a) experto(a), ganar visibilidad. Hoy en día yo tengo más de 5,000 personas recibiendo mi boletín y sigue creciendo y creciendo. Las oportunidades son infinitas.

Define los elementos para tu boletín

Mandaré mi primer boletín en esta fecha:

¿Qué tan frecuentemente lo mandaré?

Cada_____

Asegúrate de que el contenido sea valioso y concuerde con tu público.

078

Ten presentes los objetivos de tu negocio todos los días

Como estamos tan ocupados en nuestras vidas, nos cuesta trabajo mantener en mente nuestros objetivos, especialmente los empresariales. Ya sea para ganar un número determinado de ventas, hacer algo de promoción, o asegurarte que te mantienes en tu presupuesto, es importante recordar siempre las metas de tu negocio y tenerlas siempre presentes en tu vida. Esta actitud te mantendrá enfocado y te brindará la motivación necesaria para alcanzarlas. Es un proceso, una serie de pasos progresivos que te acercan al éxito que deseas.

Échale una mirada cada día a tus notas o a la misión de tu empresa para recordarte por qué estás haciendo lo que haces. Por ejemplo, mi empresa tiene tres valores fundamentales: la integridad, profesionalismo y responsabilidad. Y al mismo tiempo, son las metas que tengo presentes a diario. Si logras tener tus objetivos vigentes, un día de pronto despiertas y piensas: "¡Oh, mira todo lo que he logrado!" Porque no me dejé vencer, porque no perdí la perspectiva y aquí estoy. Esa es la parte mágica de todo esto. Si pienso en mí como empresaria, me doy cuenta que esta simple acción es uno de los ingredientes más importantes de mi éxito. Gracias a que tengo mis objetivos presentes todos los días, y no una vez por semana o cada mes, he logrado conseguirlos más rápido de lo que me imaginé.

Escribe tus metas e imprímelas. Colócalas en un sitio de tu oficia donde te sea posible verlas todos los días.

079

¿Pasará de moda el correo directo?

El correo directo es una de las formas más antiguas de promoción, aunque mucha gente cree que está pasando de moda porque todo mundo emigró a las formas electrónicas, la realidad es que no perderá su eficacia, ya que esta herramienta es una parte importante en las estrategias de mercadotecnia de cualquier empresa. Definitivamente está experimentando algunos cambios, es posible que se convierta en un método más "interactivo" e integrado con otros medios de promoción.

Por ejemplo, consideremos que una doctora quiere mover su consultorio. Puede utilizar correo directo para informar a sus 6,000 pacientes con una postal electrónica incrustada con un código de barras (intelligent mail barcode IMB), que le permita saber cuándo será la fecha de entrega. También lanza una campaña de mensaje de voz el lunes, anunciando a sus pacientes que les va a llegar la nota sobre el cambio del consultorio el miércoles. Dirige a sus pacientes a su sitio de internet para más información. La integración de varias bases que conectan los medios para comunicar un mensaje pueden incrementa el efecto y convertir la campaña de promoción en un gran éxito.

El correo directo tiene muchas formas y se puede integrar con muchos otros medios.

- *Correo directo con dato personalizado: contiene el nombre del destinatario en varias partes de la pieza de correo.*

- *Correo directo con IMB: Integra un código que brinda un período de dos días para el envío, combinado con una campaña de mensaje de voz.*

- *Correo directo con PURLs: datos variables con un lazo personalizado. Ejemplo: John.Smith. nombredetucampaña.com. Aproximadamente 42 por ciento de las personas que reciben correo prefieren responder por internet.*

Crea una campaña usando correo directo este mes. Asegúrate de combinar esta campaña con algún otro medio. Si no sabes como hacerlo, consúltalo con una imprenta o compañía de mercadotecnia.

080

Mercadotecnia basada en "la experiencia"

Puedes lograr asombrar a tu público creando experiencias a través de la mercadotecnia. Por ejemplo, a Starbucks la gente va a comprar café que cuesta 4 dólares la taza, no porque el café sea mejor que en McDonald's, sino por el entorno. La gente, lo que está comprando es la experiencia y las emociones que se evocan cuando se encuentran en el establecimiento. Ir a cenar a un restaurant fino, por lo general no tiene mucho que ver con la comida, sino con la experiencia, la música y el ambiente.

Es posible crear todo esto por medio de mercadotecnia, por ejemplo, cuando envías una postal. Ve más allá del mensaje. ¿Qué tipo de experiencia quieres que tu audiencia adquiera con las imágenes que usas? Puedes utilizar algo diferente para cada diferente grupo de clientes.

La mercadotecnia basada en una experiencia te ayuda a crear conexiones emocionales con las personas porque puedes ir más allá de lo básico y ofrecerles lo que no adquieren en ningún otro lugar, principalmente por cómo los haces sentir.

Prueba la mercadotecnia experiencial por tu cuenta. Ve a uno de tus lugares favoritos y analiza los alrededores: la música y cómo el ambiente del lugar te hace sentir.

Escribe tus conclusiones al respecto:

_____

_____

¿Estas conclusiones pueden hacer una diferencia en tu negocio?

081

Promociónate con artículos

Si tienes experiencia en algún tema y no tienes el tiempo o los recursos necesarios para escribir un libro completo, puedes considerar escribir artículos. Los artículos son herramientas muy fáciles de realizar y te pueden posicionar como experto, si utilizan temas de relevancia para tu clientela. La clave es usarlo como una campaña sutil y causal de ventas y enfocarte en el beneficio que el lector obtendrá, más que en las ventajas para tu empresa.

Una vez realizados tus artículos, los puedes usar de varias maneras:

- Ponerlo en tu sitio de internet para motivar a tus visitantes para pedir más información.
- Distribuirlo en eventos.
- Mandarlo a tus clientes por correo.
- Darlo a conocer por medio de redes sociales.
- Mandarlo a un periódico local o editores de revistas para posible publicación.
- Subirlo a otros sitios de internet.
- Mandarlo a socios estratégicos para una posible inclusión en sus boletines o páginas de internet.

Escribe un artículo esta semana y utiliza alguno de los modos de distribución citados arriba.

Como puedes ver, promocionar tu artículo ¡es más sencillo de lo que piensas!

082

Utiliza las redes sociales para tu beneficio

Los medios sociales han cambiado la forma en la que nos comunicamos. Te guste o no, las redes sociales están aquí para quedarse y tú las puedes incorporar en tus estrategias de mercadotecnia. Es un medio accesible y efectivo que te permite alcanzar a las masas por medio del efecto viral de marketing.

Considera lo siguiente: Tienes 221 personas en tu red de LinkedIn. Cada una de esos contactos puede tener una red igual o más grande y sus contactos igual, y así sucesivamente. Imagina el número de personas que están a tu alcance por medio de tan solo de unos cuantos contactos. Y como las redes sociales están basadas cien por ciento en el permiso del usuario, puedes estar en contacto con gente en la que confías y que confía en ti. ¡Aprovecha esta oportunidad para promocionar tu negocio!

¿Tienes ya una cuenta en las siguientes redes sociales?

LinkedIn   *Facebook*   *Twitter*

Plaxo   *Google+*   Otros

Si aún no las tienes, créalas esta semana.

Una vez que tengas todas tus cuentas, utiliza esta herramienta gratuita para hacer anuncios simultáneamente en todas las cuentas: www.ping.fm o www.hootsuite.com

083

Aprovecha las oportunidades de la promoción en línea

A lo largo de los últimos anos hemos aprendido la importancia de tener un sitio de internet. Ahora las cosas han cambiado y no es suficiente el tener una página únicamente sino tenemos que promoverla también. La forma en la que el mundo se comunica está cambiando, por lo tanto es importante reconocer que tener sólo un sitio de internet ya no te lleva a ningún lado. La misma forma en la que estableces relaciones en persona aplica en internet.

Cuando alguien te contacta con alguien y tú estableces contacto con esa persona más te das a notar. Si nos queremos volver más competitivos, nos tenemos que hacer notar en internet. Y una de las formas para lograrlo es crear oportunidades de ligas recíprocas en línea. La manera que esto funciona es pidiéndole a tus contactos que pongas tu logotipo y conecten tu pagina web a la de ellos y también haz lo mismo.

Entre más ligas tengas apuntando desde y hacia tu página web, más posibilidades tendrás de que los buscadores reconozcan tu sitio. Por lo tanto, tu página aparecerá cuando la gente escriba ciertas palabras clave en los buscadores.

Una manera sencilla de crear ligas recíprocas es cooperar con tus clientes. ¡Es completamente gratis! La idea es ir un poco más allá y decirles: "Me gustaría poner una liga de tu sitio web en alguna de nuestras páginas". Es una situación de ganar-ganar para ambas partes y los dos pueden publicitarse de esa manera.

Entre más ligas tengas en tu sitio, más presencia tendrás en línea y será más fácil encontrarte. Es sencillo, costeable y te realmente te puede colocar un paso adelante.

Investiga algunos portales de internet donde puedas enlistar la pagina web de tu empresa de forma gratuita. Ponte en contacto con compañías locales y establece ligas recíprocas.

¿Conoces el poder de las relaciones publicas?

Las relaciones públicas pueden tener un impacto muy positivo en cualquier compañía si se utilizan correctamente. Los mensajes en una campaña de relaciones públicas deben estar enfocados en un ángulo que atraiga la atención de la audiencia de los medios de comunicación, y no como herramienta de ayuda propia. Los mensajes deben de ser relevantes y educativos. También es posible anunciar a los medios locales sobre eventos especiales de las mismas, nuevos productos, sociedades con organizaciones sin fines de lucro, etc. Aunque no haya garantía de que la información será publicada, es importante ser perseverante y no rendirse.

Una campaña efectiva de relaciones públicas debe de incluir lo siguiente:

- *Distribuir comunicados de prensa a los medios.*
- *Dar seguimiento a los medios.*
- *Organizar entrevistas con los medios.*
- *Recolectar boletines.*
- *Compartir entrevistas y artículos publicados con tus clientes: publicar sobre ellos en tu sitio de internet, en tus redes sociales, con tus contactos estratégicos.*

No importa cuan grande sea tu empresa, no hay nada más poderoso que el hecho de que alguien más te endorsa, especialmente los medios de comunicación. Tu credibilidad y confianza se enaltece gracias a los efectos de una buena campaña de relaciones públicas.

Considera las relaciones públicas parte de tus iniciativas de mercadotecnia. Si tú no entiendes demasiado sobre cómo promover tu negocio, asóciate con alguien que sea un experto.

085

Haz algo para tus clientes sin cobrar

Muchas compañías realizan donaciones a organizaciones sin fines de lucro, colaboran como voluntarios o participan en eventos especiales de la comunidad, pero, ¿has considerado darle valor agregado a tus clientes? Sorprender a tus clientes con un producto o servicio sin costo alguno puede causar un gran impacto. Por ejemplo, un cliente nos contrató para actualizar el contenido de su página de internet y mientras trabajábamos en ello, decidimos integrar su empresa a redes sociales sin costo adicional. El cliente quedó realmente satisfecho con el proyecto y bastante impresionado con el valor agregado del servicio. Como resultado de ello, continuamos trabajando con la compañía en muchos otros proyectos.

La idea es encontrar algo del campo de tu especialidad que en general no cueste demasiado, pero que brinde un gran beneficio para el cliente. ¡Las pequeñas cosas logran una gran distancia!

Define un valor agregado que beneficie a alguno de tus clientes para que puedas llevar a cabo esta semana:

Beneficio: _____

Cliente: _____

Fecha límite: _____

Comprende la mercadotecnia multicultural

Las comunidades se vuelven cada vez más diversas. Uno de los segmentos que ha crecido más rápidamente en los Estados Unidos somos nosotros los hispanos. Entender a esta complicada audiencia es crucial mientras el crecimiento orgánico ocurra. Este segmento tiene gran poder de adquisición y la compañía que quiera mantenerse por encima de su competencia tendrá que aprender la importancia de crear campañas específicas que lleguen a estos grupos. ¡Celebremos la diversidad!

Investiga sobre la comunidad hispana.

Cuando creas que debes de llegar a este segmento, asóciate con un experto en mercadotecnia multicultural que conozca este grupo a fondo si tú no lo conoces.

087

Crea un efecto popular

Frecuentemente, nos limitamos hacer lo que podemos físicamente. Crear una campaña viral de marketing es importante porque actualmente vivimos en un mundo en el que no es suficiente depender de lo que podemos hacer con nuestras manos, sino también hay que usar la mente. Podemos crear una máquina mercadológica en la que se incluya la mercadotecnia y las tendencias en comunicación, como los medios sociales y los mensajes de texto. Es posible aprovechar la forma en que las personas se comunican actualmente, utilizando estas herramientas. Cuando optas por la autenticidad y la legitimidad, enviando mensajes que impacten a tu audiencia, incluso si son pocos, le dirán a alguien más. Así, se puede crear un efecto viral.

Otra forma de crear un efecto viral es hacer lo que hago yo con este libro: doy una tarjeta para que los lectores manden un mensaje de texto y puedan escuchar una introducción del libro en sus teléfonos y la ventaja es que se puede distribuir entre amigos, familia y colegas. También he anunciado en redes sociales que el libro está a punto de salir para que la gente esté al pendiente. Haciendo algo similar, extiendes tus brazos para alcanzar a personas que no creíste poder alcanzar en el pasado, en especial porque el costo de ello es muy bajo y por lo tanto puedes llegar a más individuos por menos dinero.

Crea un mensaje que impacte a tu audiencia, utiliza las herramientas a las que tienes acceso para lograr nuevas técnicas de mercadotecnia y obtén la atención de personas que jamás habías imaginado que podrías atraer.

Siéntete libre de usar herramientas de mercadotecnia "virales", como mensajes de texto y redes sociales. Asegúrate de que el mensaje impacte y se quede en las mentes de tu público.

¡Mira cómo se desarrolla frente a tus ojos!

088

Olvídate de cómo está la economía o las dificultades

Estamos ya lo suficientemente inundados de negatividad, especialmente en años recientes ya que la economía empeoró. Nos deprimimos y tenemos miedo de convertirnos en una más de las víctimas de los efectos de la economía, pero estos pensamientos sólo nos paralizan y evitan que avancemos.

Toma el camino que debas de tomar, pero jamás pierdas la fe. Mientras estábamos en recesión, yo le decía a todos: "yo no voy a participar en esta recesión, simplemente no me interesa". Y me he llevado algunas risas de ciertas personas pero también un sentimiento de esperanza. Las buenas noticias son que, independientemente de la situación que vivamos, nosotros podemos crear oportunidades si creemos que podemos. ¡Y nosotros lo logramos! Nuestra empresa creció 56 por ciento durante uno de los años con la peor economía. ¡Si nosotros pudimos, tú también puedes lograrlo en tu negocio!

Escribe tres ideas que puedes emplear para crear oportunidades en tiempos de dificultad para que estés preparado.

¿Cómo mides el éxito?

Ya sea que hagas una campaña compleja de mercadotecnia o un proyecto pequeño, es importante medir los resultados. Después de todo, si no puedes medir los resultados ¿de qué sirve invertir tiempo y recursos?

Hay muchas formas en las que se pueden ver los resultados de una campaña de mercadotecnia, directa o indirectamente. Hay quienes se enfocan en el ROI (Return of Investment) o retorno de la inversión, que tiene un impacto directo en el balance final y hay quienes prefieren ver el ROO (Return on Objectives), retorno en los objetivos, que impacta el balance final indirectamente. Por ejemplo, si organizaste un evento, tu objetivo ROI está relacionado con recaudar cierta cantidad de dinero. El ROO del mismo evento, sería obtener el 75 por ciento del promedio de asistencia. Este segundo objetivo se relaciona indirectamente con el ROI, pero ciertamente lo afecta.

Cuando trabajes en cualquier proyecto o campaña de mercadotecnia en el próximo mes, define lo siguiente:

ROI- ¿cuál es el resultado económico esperado en esta campaña?

ROO- ¿cuáles son los objetivos que deseas alcanzar en esta campaña?

Si no puedes medirlo, es mejor que no lo hagas.

Sección IV
Retención del Cliente

Los clientes son el elemento más importante de un negocio, son tu mina de oro. Por eso cuidar de ellos es básico. Toma 10 veces más dinero y esfuerzo encontrar un nuevo cliente, que retener a uno existente. Los consejos poderosos que a continuación te presento te ayudarán a crear una conexión emocional con tus clientes para que los tengas de por vida.

090

Aprende a decir que "NO" y mantén la ética

Es en verdad difícil mantener los estándares éticos algunas veces. En alguna ocasión tuve la oportunidad de presentar un proyecto bastante grande. Durante el proceso de negociación me dí cuenta que era un proyecto bastante exigente y que nuestros principios de ética no concordaban. El dinero era increíble pero algo no se sentía bien. Tomé la decisión consciente de decir "No" y dejarlo de forma muy decente y diplomática. Al decir "No" gané tiempo y energía para trabajar con clientes que tuvieran mas compatibilidad con nosotros. Dos días después logré cerrar contratos con dos clientes quienes representaban el doble de ingresos de lo del cliente original.

No importa qué tan grande sea tu cliente. Lo que importa es que te sientas bien de trabajar con ellos. Toda tu energía emocional se incrementa cuando trabajas con clientes que se sintonizan a tus estándares éticos.

¿Qué medidas puedes tomar el día de hoy para quitar las relaciones de negocios negativas sin quedar en malos términos?

Resuelve el problema primero

En mis días de mercadotecnia como empresaria, tuve que llegar a entender que necesito pensar en cómo puedo hacer la diferencia en el mundo de los negocios dados los servicios que proveo. Frecuentemente, la gente empieza un negocio pensando sólo en el dinero y en la gratificación instantánea. Pero si te enfocas y tratas de resolver el problema del cliente, las recompensas (las ventajas, el dinero y todo lo demás) llegarán. Debes de enfocarte en soluciones para el cliente y haciendo eso lograrás construir una relación duradera con ellos y los tendrás para siempre. Ese ha sido el caso de muchos de nuestros clientes quienes después de varios años siguen regresando con nosotros.

He estado resolviendo problemas durante mucho tiempo, incluso antes de que me convirtiera en mujer de negocios. Se resuelven problemas cuando te enfocas en los objetivos y metas del cliente, más que en tus propias compensaciones. Se logra dándoles asesoría. Se logra dándote el tiempo de reunirte con ellos y entender por lo que están pasando. Su problema se vuelve mi problema, tomo el mando y también tengo el crédito y responsabilidad de su éxito. El resultado es un final feliz. Tomar la perspectiva de resolver los problemas del cliente primero es una de las cosas más increíbles que puedo hacer por ellos; porque se sienten importantes, comprendidos y –lo más importante– ven los resultados tangibles de este tipo de acercamiento. Esto, por supuesto, trae consigo el éxito esperado porque les brindé soluciones reales.

Crea una nueva forma de asesoría que te ayude a identificar las verdaderas necesidades de tus clientes.

No lo que dicen que quieren, sino lo que necesitan.

092

Crea valor por medio de tu conocimiento

Todos somos expertos en algo. Crear valor y una fuente de ingresos es lo que estoy haciendo en este momento escribiendo este libro. La información útil que se convierte en un éxito para alguien, puede ser también una fuente de inspiración para otras personas. Tú puedes, de igual modo, capitalizar por medio de la propiedad intelectual, que es ese conocimiento o experiencia que es únicamente tuyo.

Empieza despacio, con cosas pequeñas, como escribiendo artículos. Si compartes tu experiencia y conocimiento, creas una reputación y al mismo tiempo valor para tus clientes. A ellos les da tranquilidad trabajar con alguien que sabe de lo que está hablando y el valor se desarrolla como una fuente adicional de ingresos. Si creas valor, no sólo te posicionas a ti mismo como experto, sino que también logras obtener más dinero.

Crea algún producto esta semana, ya sea un artículo, blog, reportaje o entrevista donde puedas compartir tu conocimiento y experiencia.

Las oportunidades para generar ingresos aparecerán.

Crea un proceso

La gente no compra negocios, compran el proceso. Pregúntate cual es el valor de tu negocio; el valor es el proceso. Las grandes franquicias tienen una fórmula o proceso que siempre siguen. El éxito de cualquier gran compañía no es el hecho de que su nombre esté ahí afuera, sino en la continuidad y la consistencia que esta compañía tiene. El proceso que sigue, le permite a los clientes esperar constancia. No se trata siempre del producto que venden, sino cómo lo venden. Piensa en cómo puedes hacer una diferencia en tu proceso de negocios, porque la gente vende fórmulas que han probado ser exitosas.

Es necesario crear un proceso para crear expectativas, para que los clientes se sientan más seguros y se deshagan del miedo a lo desconocido.

Describe tu proceso.

Todas las compañías más exitosas tienen un proceso o una fórmula que crearon y han ido siguiendo.

094

No lo imprimas todavía

Es demasiado embarazoso ver contenido incorrecto, ya sea mal escrito, impreciso o mal aplicado. ¿Cuántos miles de dólares se han desperdiciado imprimiendo contenido incorrecto? Cada vez que hay algo para imprimir lo reviso y lo reviso otra vez para asegurarme de que todo esté impecable, el diseño sea de alta calidad y que los logos estén bien desplegados.

¿Qué medidas tomarás hoy para revisar que el contenido se imprima con tu logo esté correcto?

Revisar el contenido antes de imprimirlo puede ahorrarle a tu compañía mucho dinero.

La importancia de la comunicación

La comunicación es el elemento clave en toda relación. Un buen programa de manejo de relación con el cliente (CRM por sus siglas en inglés) puede ayudarte a mantenerte un paso adelante. Por ejemplo, tengo un boletín mensual que mando a todos mis contactos y clientes, lo cual asegura una comunicación constante con ellos. Lo mejor es que ellos también empiezan a esperar ese contacto cada cierto tiempo del mes. Del mismo modo, los contacto para obtener su aprobación para realizar actividades que tenemos pendientes por medio de recordatorios.

Mis clientes siempre se impresionan por tantas formas que tengo de acercarme a ellos. Mi lema es: "El balón está en tu lado de la cancha y si está del mío, no se quedará ahí por mucho tiempo". El balón significa los pasos a seguir o la acción en este ejemplo.

¿Qué haces para estar en contacto con tus clientes?

¿A qué tipo de actividades te comprometes para estar cerca de tus contactos?

¿Qué tipo de comunicación les gustaría o podrían encontrar atractiva? ¿Ya les preguntaste?

096

¿Cuáles son tus cualidades?

Todo mundo quiere ver resultados. Asegurar que puedes traducir tus acciones en resultados tangibles es crucial en el mercado actual. Toma la iniciativa en el monitoreo de lo que los clientes obtienen de tu compañía. El impacto que tus productos o servicios tienen sobre tus clientes puede no ser evidente, pero es tu trabajo definir cómo ese impacto hace su vida más fácil mejorando sus procesos o su ingreso.

¡Mientras pruebas tus cualidades con resultados tangibles, verás como tu negocio crece frente a tus ojos y tu reputación será la mejor!

Describe tres resultados recientes que has logrado para tus clientes.

_____

_____

_____

Destaca a pesar de las críticas

Muchas personas se establecen en sus vidas sin intención alguna de salir de su zona de comodidad para hacer alguna diferencia. Los líderes nacen y se hacen, y destacar del común hará que te noten positivamente o generará celos. Cuando sobresales entre las personas o negocios, te vuelves el centro de atención y muchas veces los resultados son las críticas. Reconoce por qué eres un líder, recuerda tu visión y rehúsate a aceptar que la retroalimentación negativa influencie tu vida en algún sentido. ¡Vamos líder!

Escoge destacar esta semana haciendo algo por alguien

Vas a crear una resonancia positiva cuando la comunidad alrededor de tu negocio se entere de que saliste de tu camino para lograr una diferencia.

098

No dejes que se les olvide...

Muchas veces nuestros clientes olvidan lo que hacemos por ellos, así que tenemos que recordarles. Como regla general, recapitulo cada proyecto con mis clientes para asegurarme que los objetivos se cumplieron. Por ejemplo, una vez me contrataron para crear presencia para un supermercado local. Después de tres meses de contrato presenté un resumen de todos los resultados y logré identificar los siguientes: un incremento del 17 por ciento en los ingresos sobre los últimos tres años, la creación de una base de datos sólida y más de 1,200 compradores nuevos que habían pasado por la tienda (un incremento de 600 compradores más que el año pasado).

De no haber reportado todos estos puntos determinantes, el cliente no hubiera apreciado tanto nuestra labor. Tomarse el tiempo para hacer esto puede fortalecer la relación y exhibir el valor que brindas a tus clientes. Después de unos resultados así, siempre es bueno una carta de referencia para mostrarles a otros clientes.

Mi más reciente historia de éxito con un cliente fue:

_____

_____

_____

Sí, le voy a pedir una carta de referencia.

Respeta el tiempo de los demás

El tiempo es nuestro valor mas preciado porque no se puede ahorrar ni recuperar. Llegar tarde a las juntas o a las funciones no sólo te desvía del propósito, también provoca impresiones negativas, especialmente si es la primera o única vez que asistes a un lugar. Es una grosería llegar tarde porque el tiempo de todos se pierde, se crean distracciones y las tareas del día se retrasan por el resto del día. Si tienes una junta con cinco personas y llegas diez minutos tarde, estás desperdiciando 50 minutos (5 personas x 10 minutos). Llegar a tiempo, todo el tiempo, creará una buena impresión y demostrará que respetas el tiempo ajeno.

Aquí enlisto algunas cosas que puedes hacer para llegar a tiempo a tus compromisos y para mostrar tu respeto al tiempo de las demás personas:

- Planea con anterioridad
- Crea plazos de tiempo realistas
- Ponte el objetivo de salir a tu junta 15 minutos antes de lo calculado
- Vete a dormir a tiempo
- Imagina una mañana perfecta
- Mantén consciencia del tiempo
- Fija prioridades

100

Reconoce tu estilo de personalidad

Hay varias herramientas en el mercado, tales como asesorías de personalidad, que te ayudan objetivamente a definir tus rasgos de personalidad y tu estilo de gestión. Valen la pena en términos de inversión y son efectivos. Mediante estas asesorías puedes aprender a trabajar tu estilo, aprender a relacionarte con otras personas en el lugar de trabajo e identificar lo que más disfrutas de tu profesión. Reconocer tu estilo de gestión te ahorrará tiempo, energía y dolores de cabeza. Cuando conoces tu estilo, te conectas efectivamente con tu equipo para lograr resultados óptimos para tu compañía. También vas a poder definir situaciones en las que puedas sobresalir. Normalmente estos estudios consisten de aproximadamente 24 preguntas que te toman de 15 a 25 minutos de contestar y tienen una certeza increíble.

Si aún no has tomado alguna, ¿tomarías una asesoría de personalidad?

Si te has asesorado, ¿cuándo revisarás y pondrás en práctica los resultados?

Puedes investigar las opciones, pero una de las mas prominentes se llama DISC. Las evaluaciones DISC son *tests* que miden el comportamiento y las emociones de las personas en relación a cuatro dimensiones de la personalidad: factor D es decisión, factor I es influencia, factor S es serenidad y factor C es cumplimiento.

Crea un sistema que seguir

Todos seguimos un sistema o protocolo, incluso en tareas diarias simples. Toma por ejemplo cepillar tus dientes: tomas el cepillo, pones pasta, procedes a cepillarte y finalmente te enjuagas. ¡Eso es un sistema!

Después de varias juntas con prospectos y clientes, desarrollamos los siguientes pasos para nuestro sistema de mercadotecnia.

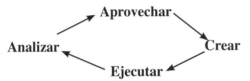

En el primer paso, analizamos profundamente lo que nuestro cliente está haciendo de mercadotecnia y las relaciones públicas poniendo en práctica una sesión de asesoría de necesidades. En el segundo paso, aprovechamos cada vehículo que el cliente utiliza. En el tercer paso, creamos nuevas iniciativas de mercadotecnia y promociones que pueden resonar para el público meta. En el cuarto paso, ejecutamos lo que resulta del proceso. Este sistema se convierte en una práctica frecuente que asegura la satisfacción del cliente cada vez. Desarrollar un proceso te va a hacer ver más profesional e impresionará a tus clientes. Por encima de todo, va a facilitar el manejo de los proyectos para ti y tu equipo de trabajo.

Esta semana, comienza a documentar un sistema para tu empresa.

Vas a notar un acercamiento sistemático a todas las actividades que realizas durante el día.

102

Provee información valiosa

Los conocimientos y la experiencia no son nada si no se pueden compartir con los demás. Puedes compartir tus conocimientos haciendo reportes, boletines o artículos. Las presentaciones o conferencias son también perfectas para compartir lo que sabes. Hacer esto, te vuelve poco a poco en el experto al cual recurrir cuando otras empresas o los medios buscan información sobre un tema específico. También vas a lograr más visibilidad y credibilidad para tu negocio.

Esta semana, me comprometo a definir la información que voy a compartir con mis clientes, ya sea por medio de algo escrito o presentación.

¡Toma el primer paso ya!

103

Nunca destruyas relaciones con los demás

Cuando era una niña aprendí del material de Dale Carnegie que todo lo que hacemos será "con alguien, a través de alguien o por alguien". Esta frase se me grabó en la cabeza y ahora se ha convertido en un estilo de vida para mí. Si esta frase es cierta (lo es para mí), significa que el manejo de las relaciones es la clave. En tantos años de lidiar con miles de personas, he hecho énfasis en no sólo crear redes sino conexiones reales. En momentos me he topado con personas negativas que no tienen intención de trabajar conmigo. He tratado de alejarme de ellos de una manera gentil, pero muchas veces la salida pacífica es imposible de lograr. Nunca quemes la relación, sé honesto y ten la integridad de lidiar con las personas o las situaciones negativas.

¿Qué vas a hacer esta semana para mantener la integridad en una mala situación y cortar por lo sano?

_____

_____

_____

104

Asegúrate que los beneficios pesen más que la responsabilidad

Cuando consideras hacer crecer tu negocio es fácil emocionarse rápidamente sobre decisiones que pueden no tener un fundamento sustentable. Contratar nuevos empleados, comprar una máquina nueva o expandir la oficina puede sonar emocionante pero los beneficios tienen que ser mayores que la responsabilidad que éstos traigan. Por ejemplo, si quieres contratar un nuevo empleado, asegúrate de que su valor que esta persona brinde supere lo que le estás pagando. Evalúa cada decisión que tomas en tu negocio para estar seguro de que te respalda una sólida lista de beneficios.

Escribe los contras y los pros de la decisión que quieres tomar.

_____

_____

_____

Demuéstrales a tus clientes que te importan

Cuando empecé el negocio tenía un presupuesto módico. A pesar de esto me hice el propósito de siempre invertir en tarjetas de agradecimiento y pequeños regalos para mis clientes. Ya sea comprando la comida para sus empleados de trabajo o enviando flores en ocasiones especiales, he demostrado y sigo mostrando mi aprecio por ellos. Hacer esto me ha dejado no sólo clientes de por vida, sino también buenos amigos.

Haz una lista de los clientes a quienes les demostrarás tu aprecio esta semana:

_____

_____

_____

106

Disfruta de unas buenas vacaciones personales o en familia

Los dueños de negocios que no tienen tiempo de descansar y rejuvenecer, no se desempeñan en su más alto nivel. Cuando lo haces es importante que lo disfrutes al máximo. Yo soy una adicta al trabajo y estaba en un surco porque no pensaba en unas vacaciones familiares, pero cuando lo hicimos fue una experiencia increíble. No sólo me permitió ver las cosas objetivamente sino que también pude dejar todo a un lado y pasar tiempo con mi familia. Cuando regresé fue muy emocionante decir: "Estoy tan agradecida de tener un negocio que hago lo que amo todos los días, y que tuve este tiempo para renovarme y refrescarme para poder regresar a hacer más cosas increíbles".

Tomar unas buenas vacaciones te ayuda a relajarte y a apreciar las cosas que tienes en casa, te brinda un gran sentimiento de estar renovado y te da mas energía para seguir adelante en tu negocio.

Voy a tomar mis próximas vacaciones en_____
_____ **y voy a dejar mi negocio atrás por unos días.**

¡Recarga tu energía!

Reconoce el éxito AHORA

El éxito no es un evento aislado, sino una serie de pasos continuos que nos acercan a nuestra meta. Donde estás AHORA es un paso hacia el éxito, te está llevando más cerca del objetivo que tratas de alcanzar. Tener una consciencia entusiasta en este momento es muy importante porque alimenta tu motivación. Te deja saber que estás más cerca de alcanzar tus metas y objetivos. Eres exitoso en cada paso del proceso.

No es necesario que esperes tres años a partir de ahora; cuando hayas logrado tu meta final, ahora dando pequeños pasos y tratando de llegar a tu objetivo, estás siendo exitoso. Es posible que en un momento sientas que no estás haciendo nada y que no te estás acercando porque aún estás a tres o cuatro años de lograr lo que te propusiste. Pero las acciones que llevas a cabo cada día y la motivación constante que aplicas a tu vida, te hacen un éxito ahora mismo.

A mí me gusta escribir mis logros, visualizando los pasos y sintiendo la satisfacción de mi realización. Un gran ejemplo es este libro, sabía que lo iba a terminar algún día aunque en momentos sentía que tenía que hacer demasiado para lograrlo.

Sé consciente de que lo que estás haciendo ahora para lograr tus metas te hace exitoso, alimenta tu motivación y te mantiene en el camino y andando.

Escribe tu meta

_____

_____

Identifica dos pasos que has logrado realizar hacia tu meta:

_____

_____

Prémiate por haberlo alcanzado

Implementa un mecanismo para monitorear tus metas

¡Disfruta el proceso!

Evoluciona constantemente

Es posible que tengamos miedo de cambiar, pero si evolucionamos constantemente progresamos en nuestra vida. Es importante mantenerse al día con lo que está pasando, reconocer que el cambio está sucediendo y aceptarlo.

Trabajé para una tienda que había estado en el mercado 83 años, iba por la tercera generación y seguían haciendo las cosas como se habían hecho por muchos, muchos años. Lo que más me admiró de este cliente es que cuando les presenté un nuevo plan de mercadotecnia para tomar las ventajas de las nuevas perspectivas del mercado, se abrieron de inmediato al cambio.

Pudimos emplear nuevas estrategias de mercadotecnia, como mensajes de texto, para alguien que había pasado mucho tiempo haciendo todo de la misma manera. Ni siquiera sabían cómo mandar mensajes de texto, pero estaban dispuestos. Fue completamente innovador y representó la evolución en el momento en el que logramos usar la comunicación inmediata. Es importante estar listo para evolucionar, porque puedes aprovechar las oportunidades e ir al siguiente nivel con tu negocio.

Identifica un área que puede mejorar basado en los cambios que están sucediendo.

¡Hazlo posible!

109

Deshazte de la negatividad

Nos dejamos sacudir por lo que vemos físicamente o por las circunstancias. La actitud positiva te permite cambiar para no involucrarte con el hecho de cómo ves las cosas sino en reaccionar de forma diferente ante ciertas circunstancias. ¿Por qué es importante deshacernos de ella? Porque el hacerlo nos vuelve más propensos al éxito y además, creamos un ambiente de positividad que atrae a otras personas. Por eso, no te dejes envolver en situaciones negativas.

Piensa en una situación negativa en la que te encuentres ahora y define una forma para transformarla en positiva.

Cuando eres positivo te vuelves una luz para la gente a tu alrededor.

¿Sabes lo que significa ser "líder por medio del servicio"?

Este concepto ha estado presente desde el principio de los tiempos. Como líder puedes guiar o mandar por medio del ejemplo, no forzando y haciendo que tu equipo de trabajo "se traguen todo". Fui a un evento donde el CEO de un hospital presentó un concepto que él aplica, el "liderazgo de servicio", en el que nosotros como líderes estamos al servicio. No estamos aquí para que nos sirvan, sino para servir a los demás.

Un par de años antes de aquella presentación sobreviví a una experiencia cercana a la muerte. Cuando salía de cirugía el doctor le dijo a mi hermano que no sabía si yo iba a sobrevivir. Recuerdo que miraba a la habitación del cuarto de hospital y me preguntaba "¿Por qué Dios me dio esta oportunidad? ¿Para que estoy aquí y qué tengo que hacer?" Lo que venía a mi mente una y otra vez es que yo estaba aquí para servir a la gente. Esa es mi misión, lo siento en mi corazón y en cada centímetro de mi cuerpo: estoy aquí para servir y para hacer un nombre que signifique servicio. Y sé que la forma de guiar y mandar a la gente es mediante el ejemplo del servicio.

Ser tú mismo y estar al servicio de las personas, te da autenticidad y las vibras que creas a tu alrededor son increíbles. Lo único que tienes que hacer es estar dispuesto a servir y todo lo demás vendrá a ti solo. Lo he visto porque soy genuina con la misión que tengo en la vida y cada vez que tengo una cita con un cliente, me pregunto cómo puedo servir. Es una de las primeras preguntas que le pregunto a cada individuo que conozco: "¿En qué te puedo servir? ¿Cómo puedo brindar ayuda?" No es ni siquiera del punto de vista de los negocios, es genuinamente desde el punto de servir a las personas. Si me enfoco en eso, todo lo demás llega inevitablemente.

¿Qué acciones de servicio puedes llevar a cabo hoy?

- Compartir un contacto

- Tomar el teléfono y preguntarle a alguien en qué lo puedo ayudar hoy

- Dar tu tiempo a un grupo local

- Otra: _____

No te lo tomes personal

Las personas, especialmente nosotros como hispanos, a veces nos tomamos las cuestiones de negocios de forma muy personal. No importa qué tan apasionado seas con respecto a tu trabajo, es importante que pongas las cosas en perspectiva y lo veas con objetividad. Esta actitud puede ser la diferencia entre obtener o perder un cliente. Puede ocurrir que alguien haga un comentario y tú reaccionas porque piensas que te están atacando y en realidad sólo están dando una observación sobre tu negocio. No te lo tomes personal, esas cosas no tienen nada que ver contigo.

Alguien te provee con información y es necesario que tú lo analices y lo veas como retroalimentación, así que cuando la gente haga ese tipo de observaciones no te conectes emocionalmente con ellas.

Escribe una situación negativa y la retroalimentación que recibiste. Poniendo tus sentimientos a un lado, pregúntate si el comentario es válido. Pregunta: "¿Qué puedo hacer para que esto no se repita?"

Recuerda, la mayoría de las cosas que se dicen no tienen que ver personalmente contigo, saber esto te puede ahorrar muchos dolores de cabeza y mantener la objetividad de tu negocio.

112

Toma tiempo para crear estrategias para tu compañía constantemente

Somos tan objetivos con respecto a las otras empresas, en especial cuando somos consultores. El problema es que nos inundamos tanto de obligaciones y operaciones diarias que olvidamos crear estrategias y ver por nuestra propia empresa. Formar estrategias cada determinado tiempo, evaluar nuestras metas y revisar lo que se está haciendo, puede ayudar a acelerar el éxito y aprovechar cada oportunidad.

Haz un tiempo fuera de la oficina para pensar específica y objetivamente sobre tu negocio.

El estado actual de mi negocio:

Metas: _____

Oportunidades: _____

Acciones a seguir: _____

Define tus fortalezas

¿Cuántas veces nos enfocamos en lo negativo y en las cosas que no tenemos? Las fortalezas de tu negocio, aunque trabajes para alguien más, son tus únicas propuestas de venta. No tienes que ser el todo para todos, pero si puedes definir tu fortaleza en un área de oportunidad eso es algo enorme. Encuentra tus fortalezas y resáltalas, ponlas con viñetas en tu sitio de internet, en cada correo y campaña de mercadotecnia. Las fortalezas de tu negocio y tus propuestas únicas de venta es la razón por la que la gente sigue pidiendo tus servicios. Defínelas y obtén ingresos de ellas, te ayudará a tener éxito, ahorrar tiempo, dinero, energía y te va a posicionar como experto.

Define cinco propuestas únicas y diferentes de tu compañía.

_____

_____

_____

_____

_____

Ahora escribe las tres mejores

_____

_____

_____

Distribúyelas a cada cliente.

¡Estas son las razones por las que la gente te contrata!

114

¿Sabes delegar trabajo a otras personas?

Hay que aprender a delegar para lograr el éxito. Tú te tienes que enfocar en las cosas que puedes hacer y dejar que otros se enfoquen en lo que tú no puedes hacer o no te da tiempo, por eso es necesario que te rodees de gente que te puede ayudar a conseguir tus metas. Si te aferras a la idea de micro administración, nunca vas a obtener nada. Sólo puedes lograr las cosas que tú puedes hacer físicamente.

Yo soy una perfeccionista, me gusta hacer las cosas yo misma para asegurarme de que queden perfectas y hechas exactamente como yo quiero. Sin embargo, he aprendido que hay otras personas que pueden contribuir. Tal vez no tengan las habilidades o experiencia que tú tienes, pero si entrenas y das la oportunidad a otras personas, estarás creando una fuerza mucho mayor para ti, más grande y capaz de lo que puedes ser sólo tú físicamente.

¿Cuáles son las cosas que sólo tú puedes hacer?

_____

_____

_____

Ahora, escribe tres actividades que puedas delegar esta semana:

_____

_____

_____

Enfócate en lo que más importa

Muchas veces, nos enfocamos en cosas que realmente no tienen gran impacto y sólo quitan muchas energía. Puedes delegar las tareas pequeñas para poder enfocarte en lo que importa más para tu negocio. Por ejemplo, tú no necesitas actualizar la base de datos, eso se lo puedes dejar a alguien más. En lugar de eso te puedes concentrar en terminar una presentación para un cliente, tener una junta con algún prospecto o dar una conferencia. Ponerle atención a las cosas grandes puede tener un efecto en los ingresos de tus negocios.

Si manejas las jerarquías y tareas, contratando empleados que puedan hacer el trabajo por ti, puedes enfocarte en lo más importante: atraer más clientes y como resultado, más ingresos. Esto puede tener gran efecto en tus resultados y puede inyectarle energía a tu negocio y a ti.

¿Qué es lo más importante en tu negocio?

1. _____

2. _____

Una muestra:

- *Ventas*
- *Servicio al cliente*
- *Artículos para distribuir*
- *Calidad*
- *Mercadotecnia*
- *Referencias*

¡Enfócate en esto!

116

Utiliza una base de datos fácil de manejar

Muchos negocios no tienen un proceso para juntar información de sus clientes (nombre completo, dirección, teléfono de la oficina, celular, correo electrónico) y para utilizar los datos de manera efectiva. Puedes aprovechar la oportunidad que tienes para comunicarte con la gente si creas recordatorios, historial o simplemente comunicación regular. El objetivo es implementar un proceso que sea sencillo y no le pida demasiado a tu negocio. Tienes mucho que ganar con ello, a largo plazo te ahorrará mucho tiempo. También te permitirá crear un lazo emocional, como si estuvieras ahí porque la comunicación se dará en tus propias palabras y frases. Es una forma de automatizar el proceso, que previene que caigas en agujeros y te guiará en la dirección correcta.

Investiga las opciones de sistemas para guardar esta información (CRM Client Relationship Management) e implementa la que se ajuste mejor a tus objetivos, basándote en tus posibilidades de presupuesto y situaciones específicas. En otras palabras, no debes de tener esta información en una caja de zapatos o en servilletas de papel. Tienes que protegerla como un tesoro, porque lo es.

Comparación CRM:

Opciones	Precio	Beneficios Clave
1.		
2.		
3.		

Un sistema de CRM te ahorrará mucho tiempo y lo más importante, a retener tus clientes.

Usa el tiempo sabiamente para responder

Perdemos mucho tiempo haciendo cosas que son urgentes, más no importantes. Es necesario que te des tiempo para estar con tu familia y también para terminar tus labores. La idea es eliminar el estrés y aún así, sentir que están en control. Desarrolla una agenda para contestar tus correos o el teléfono de manera que no te abrume o te estrese. No contestes cada correo o llamada en el preciso momento que te llega. Desarrolla reglas para checarlos 2 o 3 veces al día en horas específicas, a menos de que estés esperando algo urgente. Verás el tiempo que te ahorrarás y el control que sentirás. No se te olvide educar a las personas que te están contactando también.

Crea tus propias reglas para utilizar el tiempo sabiamente:

Mensajes de voz: _____

Correo electrónico: _____

Tiempo para la familia: _____

Otros: _____

118

Tu cliente es lo más importante que tienes

Lo que dices no es necesariamente lo que tus clientes quieren. Dedícate a investigar y encontrar el núcleo de esta relación, encontrar lo que mueve a las personas con las que haces negocios. No te dejes llevar por ideas que no tienen una base sólida, pero mas bien de encuestas o preguntas hechas directamente. Tienes que darle a tus clientes lo que quieren: algo que es accesible en precio, alguien que tome el control y alguien que se responsabilice y los lleve al siguiente nivel. Crea una conexión emocional con el cliente y vas a tener trabajo constante y referencias.

¿Qué les puedes preguntar a los clientes en una encuesta?

¿Qué puedes cambiar de tu negocio para ajustarte a los resultados de las encuestas?

¡Céntrate en ellos!

El tiempo no se puede almacenar

El tiempo es vital para lograr nuestras tareas y optimizar nuestros recursos. Perdemos demasiado tiempo en cosas que no importan, por lo tanto, es necesario que tengas una rutina diaria para utilizar bien tu tiempo. Puedes hacer listas y concretar varias juntas. Si te organizas, puedes encontrar el tiempo para hacer todo lo que quieras. Cuando tomas el control de tu tiempo, te sientes menos estresado y revitalizado.

Una practica constante para mí es planear mi día de negocios la noche anterior, a veces de minuto a minuto. Por ejemplo, si voy a estar fuera de mi oficina todo el día en reuniones y sé que solo tengo una hora enfrente de la computadora, me aseguro que cada minuto cuente, aprovechando al máximo. Muchas veces logro terminar el trabajo de todo un día en ese pequeño lapso de tiempo, gracias a mi planeación minuciosa.

Toda la siguiente semana, cada vez que vayas a dormir, visualiza el día siguiente, del momento en que te despiertas, hasta el momento en que vuelves a dormir. Haz una lista de actividades para el día siguiente.

120

No le digas sí a todo mundo

Después de tiempo en tu negocio y si haces un buen trabajo, te darás cuenta de que comienzas a recibir muchas referencias de tus propios clientes y otras personas que te conocen. Algunas veces, nos sentimos obligados a atender a gente que nos recomiendan, sólo porque alguien que apreciamos y en quien confiamos nos los manda. Siempre vas a tener recomendados y es importante que hagas un buen trabajo, no sólo por los nuevos clientes, sino también por la persona que te los refirió. Aprende a decir no si no los puedes ayudar. Si no crees que puedes o no quieres hacer negocio con ellos, tienes la responsabilidad de comunicarles que aprecias la oportunidad, pero que no los puedes atender. Las personas agradecerán tu honestidad.

Haz seguimiento de todos tus recomendados, utiliza un proceso para filtrar a aquellos con los que quieres trabajar y con los que no.

Un buen líder y comunicador

De acuerdo con Ed Horn, campeón mundial de la organización de oradores Toastmasters, los tres ingredientes para un buen discurso son: Orientación, Reto (para ir hacia adelante) y Compromiso (para la excelencia). Si eres un buen líder y un buen comunicador, vas a ser exitoso en lo que sea que hagas. Si te comunicas e inspiras a las personas, lograrás el éxito en cualquier campo que pises. Tendrás la posibilidad de tener más clientes y más credibilidad. Vas a experimentar una conexión real con la gente por la forma en la que te presentas y puedes lograr un efecto contagioso y apoyo de terceras personas. Eso se traduce en una ventaja: tú enfrente de una audiencia que quiere oír lo que tienes que decir. Hay algo mágico en ser el presentador de un evento, ya que automáticamente te vuelves el experto y tienes respeto, por el simple hecho de estar enfrente de la audiencia.

Encuentra un club de oradores o maestros de ceremonia para ir como visitante.

Para más información de esta organización sin fines de lucro dedicada a generar buenos oradores, visita:
www.toastmasters.org

122

Ten reuniones regularmente

Muchas veces nos absorben tanto las labores del día a día que se nos olvida tener juntas con nuestro equipo de trabajo. Es importante que trabajes en las estrategias de tu empresa, por eso debes de informar el estado de la compañía, así como asignar labores y revisar las acciones que se han llevado a cabo por los empleados.

Haz juntas regularmente. Habla de los puntos importantes para el equipo y enlístalos aquí.

Analiza tres elementos importantes en las juntas:

- *Lecciones del pasado*
- *Situaciones actuales*
- *Pasos a tomar*

123

Organízate

La desorganización provoca pérdida de tiempo, energía y clientes. Encuentra y mantén cualquier forma de organización que funcione para ti. Yo tengo un archivo para cada cliente y todo lo relacionado con éste va en el archivo acomodado cronológicamente. Me mantengo en orden por lo general contestando correos electrónicos y creando listas. Utiliza tus recursos y energía para conservar el orden, porque de este modo ahorras tiempo y esfuerzo. Como resultado, tendrás un espacio de trabajo más eficiente y la productividad incrementará.

¿Tienes un sistema de organización tal como un sistema de archivado?

Proponte:

"Esta semana organizaré:_____"

124

Siempre confirma las reuniones con tiempo

Confirmar citas diligentemente te ahorrará tiempo. ¿Cuánto tiempo has pasado viajando en coche sólo para enterarte de que el cliente no está disponible aunque hayas establecido el horario de la reuniones? Un simple correo o llamada para confirmar, no sólo te va a dar ventaja, sino también va a impresionar al cliente y te ayudará a aprovechar tu tiempo.

¿Haz confirmado todas tus reuniones esta semana?

Sí _____

No _____

Aprovecha tus contactos

Las redes no se utilizan sólo para conocer gente, sino para crear un lazo emocional. Si te concentras en dar, antes que en recibir, los resultados que obtendrás serán muy positivos. Recuerda crear lazos haciendo sentir a la gente importante. Por ejemplo, puedes buscar a tus contactos y presentarlos con nuevas personas, mandarles un regalo, comentar sus hobbies, entre muchas otras cosas. *La clave es ser auténtico y estar dispuesto a dar antes de recibir.*

A continuación enlisto seis pasos que Brian Marshall creó para convertir tu red de relaciones en una máquina de referencias.

1. *Haz contacto*
2. *Identifica a las personas que quieres conectar*
3. *Orienta y motiva la conexión*
4. *Estrecha el lazo*
5. *Ayuda a los demás a ayudarte*
6. *Deja que te presenten más gente*

Conoce el proceso completo en:

www.bizsecretsthatwork.com/referralmachine.pdf

Comienza a utilizarlo hoy mismo.

126

Muestra los ahorros a tus clientes

A los clientes les encanta ver cuánto dinero están ahorrando. Realmente no les importa cuánto están gastando si pueden notar el valor, pero lo que verdaderamente les interesa es cuánto van ahorrar. Si haces un descuento para alguien, dándole más valor por su dinero, se van a enfocar más en lo que ahorran que en lo que están pagando.

Todos los negocios, grandes o pequeños, están preocupados sobre cómo hacer rendir sus pesos. Muestra los ahorros en las facturas, cuando brindes un servicio o vendas un producto y los clientes estarán felices de saber que ahorraron dinero.

Define una forma en la que puedas demostrar ahorros y sumar valor a tus clientes.

Extiende tus brazos

Extender tus brazos significa reconocer que no estás solo y que no puedes hacer todo tú mismo. Significa salir de tu zona de comodidad y hacer una diferencia, por tu familia, negocios o por tu comunidad. Ya sea para dar o recibir ayuda, habrá muchas personas a tu alrededor para ayudarte en tu camino. Conectar con personas que estén sintonizadas con tu visión puede ser la diferencia entre lograr un gran impacto en el mundo o no.

¿Cómo vas a extender los brazos esta semana?

Para dar: _____

Para recibir: _____

¡Extiende tus brazos hoy mismo!

128

Crea una estructura de precios que funcione para tus clientes

Crear una estructura de precios tiene que ver con conocer el mercado, tus prospectos, clientes y darles lo que buscan mientras te mantienes fiel a tus objetivos. Sé flexible y adecúate a tus clientes, pero mantén tu negocio rentable. Crea una estructura de precios que funcione para todas las partes involucradas. Tener esta disposición y flexibilidad te permitirá crear ingresos crecientes para tu compañía.

Por ejemplo, si tienes un restaurante, lo normal sería que el cliente te pagara a la hora de venir a comer, pero si ese cliente tiene necesidad de hacer la misma orden cada semana para sus empleados, puedes sugerirle un sistema de pago mensual para que así te pague una cantidad más fuerte cada mes y sabes que ese cliente está seguro. En otras palabras, tiene que ver con tu flexibilidad de aceptar pagos de diferentes maneras, cada situación es diferente, pero vale la pena explorar.

Selecciona alguno de los siguientes puntos que no estés utilizando aún y analízalo como opción:

- *Anticipos*
- *Por Proyectos*
- *Por Hora*
- *Paquetes con diferentes servicios*
- *Pagos de tarjetas de crédito automatizados*

¡Ofrece opciones!

Tu tesoro: tus clientes

No hay negocio exitoso sin clientes. ¡Ellos son tu tesoro! Y como ellos son tu bien más preciado, es importante que cuides de ellos y los protejas. Se gastan miles de dólares en adquirir clientes, pero llegar a los clientes que ya tienes puede traerte mucho más éxito. Cuando los clientes están satisfechos, se convierten en el catalizador de más oportunidades de trabajo. Toma diez veces más tiempo y dinero encontrar a un cliente nuevo que mantener al que ya tienes. Tú puedes cuidar de tu tesoro brindando valor, poniendo atención, escuchando, demostrando tu aprecio y haciendo un esfuerzo extra por ellos.

¿Qué vas a hacer esta semana para cuidar de tus clientes?

_____

_____

_____

Recuerda, tus clientes son tu mina de oro.

130

Déjalo en casa

Todos tenemos asuntos personales y dejarlos en casa es buena idea, algo así como el dicho de "lo que pasa en Las Vegas, se queda en Las Vegas"

Tienes la responsabilidad como dueño de negocio o profesionista de mostrar tu mejor cara todo el tiempo. Tu público no tiene por qué saber de tus experiencias negativas. No dejes que las malas experiencias personales arruinen tu negocio. No importa lo que te pase sino cómo lo manejes. No te centres en tus problemas, en vez de ser la víctima, encuentra soluciones para que puedas presentar lo mejor de ti.

Nunca traigas tus experiencias personales negativas a tu mundo de negocios. No te quejes, en especial frente a clientes potenciales. Debes de tener objetividad y saber el efecto que esta conducta puede tener sobre las personas con las que haces tratos. Es tentador hablar sobre lo negativo, pero si lo puedes evitar tu vida se tornará más positiva.

Esta semana trata de no quejarte frente a un prospecto, cliente o colega.

Muestra lo mejor de ti y deja los problemas en casa.

Sección V

Motivación

La motivación es un sentimiento interno que irradia hacia fuera. No se puede transferir de persona a persona de una manera permanente. Necesitamos generar motivación desde adentro para poder adecuarnos y permanecer así a largo plazo. Los siguientes consejos poderosos te ayudarán a mantenerte con el ánimo alto y serán una fuente de inspiración cada vez que abras este libro.

131

¿Te aceptas tal y como eres?

Mantenerse fiel a uno mismo es la personificación del éxito. Cuando tratas todo el tiempo de agradar a alguien más, pierdes ese sentido de logro y felicidad porque estás tratando de ser alguien que no eres. Capitaliza en lo que eres y acéptate tal cual. Puedes lograr todo lo que quieras siendo auténtico, aceptando quien eres y generando valor de las cosas que sólo tú sabes hacer.

Define las características que te hacen ser quien eres.

En la siguiente semana trata de aplicar estas características y verás cómo muchas más oportunidades se te presentan en el camino.

Enfócate en la recompensa

Tenemos muchas distracciones: ofertas de trabajo tentadoras, gente que no nos apoya, nuevas ideas, deberes domésticos y muchas otras cosas. Cuando comencé mi compañía, tenía la visión de ser una mujer de negocios exitosa y hacer una diferencia para otros negocios. Al principio no tenía un mapa preciso del camino que iba a seguir, había muchas tentaciones para dejarlo todo y olvidarme para siempre de que alguna vez quise comenzar un negocio. Cada vez que eso pasaba, me recordaba mi visión y no deje que nada me perturbara.

Escribe la visión que tienes para tu negocio y la recompensa final:

_____

_____

_____

Enlista las distracciones que dificultan que te enfoques.

_____

_____

_____

Cada vez que alguna de esas distracciones llegue a ti, recuerda tu visión y vencerás cualquier tentación. ¡Concéntrate en la recompensa!

133

Recuerda que puedes lograr todo lo que te propongas

Muchas personas emprenden sueños pero nunca los logran materializar. Esto no se debe a cómo hicieron el trabajo, sino que en el momento de que estaban a punto de recibir la recompensa, dudaron y simplemente se rindieron. He visto muchos negocios hispanos desaparecer tan pronto como se crearon y la verdad esa realidad es muy triste.

La mayoría de veces es porque no tuvieron las agallas de enfocarse y fueron perdiendo la motivación. Como joven mujer de negocios, recuerdo que muchas veces me pregunté si realmente conseguiría mi sueño. En esos momentos, me recordaba a mí misma que yo podía hacer todo lo que yo quisiera mientras me mantuviera fiel a mis convicciones. Escribe tus sueños, léelos todos los días y da pequeños pasos cada día para conseguirlos.

¿Qué pasos vas a seguir para acercarte a tu sueño?

_____

_____

Cuando estés cerca de tu sueño, qué vas a hacer para aceptarlo.

134

Ábrete a nuevas ideas e inspiración

Las ideas son ideas con un sentimiento neutral, pero una inspiración es una idea que te hace sentir bien. Por ejemplo, una idea puede ser comprar papel azul para los volantes que quieres imprimir, pero una inspiración puede ser el distribuir los volantes con una promoción que te conectará con una organización sin fines de lucro de la cual tú sientas una conexión personal (para donar y ayudar con partes de las ganancias). Las dos iniciativas conllevan a la acción, pero la segunda te hace sentir bien y que estas contribuyendo a la sociedad.

Tienes que poner atención extra en lo que te inspira porque eso impulsará tu éxito. Yo cree un cuaderno o diario de ideas donde capturo la fecha, el tema y la genialidad de las ideas que tengo. Esta herramienta me permite captar esos pensamientos que vuelan dentro de mi cabeza y los hace tangibles. Me ayudan a sentir energía, en control de la vida y por supuesto, se convierten en conductores de mi destino.

Frecuentemente estamos cerrados a ser receptores de ideas. Sigue a tu corazón y a tu mente cuando sientas inspiración. Mediante este proceso podrás convertir las ideas e inspiración en acción.

Ábrete a la inspiración que te llegue el día de hoy

Escríbela, analízala y ponte en acción.

_____

_____

¿Cómo te sientes?

135

¡Lograr tus metas se siente INCREÍBLE!

Mantener un diario es de mucha ayuda para el éxito de este consejo poderoso. Escribe en tu diario todos los días cómo van las cosas y cómo manejaste todos los asuntos. Al final de la semana, escribe un resumen de tus logros. Tómate un tiempo para leer tus notas, ya que este ejercicio que ayudará a darte cuenta que estás alcanzando tus sueños.

Saber que has conquistado un sueño y que vives en la manifestación física de lo que alguna vez soñaste te vuelve más fuerte y propenso a lograr más en el futuro. Te da confianza y seguridad para proceder al siguiente paso y también te hace saber que mereces tener todo lo que deseas.

En ese diario podrás hacerte consciente de que tienes un sueño, que estás trabajando para conseguirlo y que lo vas a alcanzar. Puedes crear y lograr todo lo que quieras. Estar en el momento presente y escribir sobre tus pequeñas victorias te mantendrá en un estado de felicidad cada día.

Cierra los ojos y siente que logras tus sueños. Descríbelo con el mayor número de detalles posible y escríbelo en tu diario.

¿Qué ropa estás usando? ¿Dónde estás? ¿Quién está ahí contigo? Este es un ejercicio muy poderoso.

Mágicamente, cuando alcances tus sueños se manifestarán frente a tus ojos tal y como los visualizaste.

Rendirse no es la solución

¿Cuántas veces has pasado por una situación estresante y has decidido rendirte en la primera oportunidad? Cualquiera puede embarcarse en un nuevo sueño, pero la dificultad está en mantenerlo. Estamos tentados por factores internos y externos que nos pueden hacer simplemente dejar nuestros sueños.

Mantenerte enfocado es lo que te ayudará a seguir adelante. Si te mantienes positivo, todo lo que desees se puede hacer realidad. Puedes tener fechas límite o puedes estar cansado o enfermo, pero jamás te rindas. Debes de visualizar los resultados y alcanzar tu sueño será la recompensa más grande. ¿Qué vas a hacer hoy para reforzar tu sueño?

Escribe una meta en la que estés trabajando.

Visualiza cómo se completa tu camino a esa meta y percibe cómo se siente tener ese logro en tus manos.

Haz este ejercicio por lo menos dos veces al día.

137

Crea un grupo "mente maestra"

No tener el apoyo que necesitas puede ser perjudicial para alcanzar el éxito que esperas. Un grupo "mente maestra" que te ayude a organizar y planear será el soporte que necesitas para identificar las cosas que te motivan. Es importante sintonizarte con la gente que tiene los mismos valores que tú. Puedes utilizar sus recursos y conocimientos para crear tu grupo "mente maestra" y aprender de ellos. Mediante la participación de un grupo "mente maestra" puedes acceder a esas respuestas y convertirlas en realidad.

Este concepto te ayuda a definir quién eres como individuo. Vas a encontrar las respuestas que probablemente no hubieras encontrado si hubieras buscado dentro de ti. Vamos afuera a buscar respuestas, pero cuando tienes un grupo que te apoye, puedes ir dentro de ti, profundamente para ver quién eres y para encontrar las respuestas de todo lo que quieras.

Investiga esta semana sobre lo que un grupo "mente maestra" es y escríbelo.

¿Qué es un grupo "mente maestra"?

_____

_____

¿Estás listo para formar uno?

Cómo hacerlo:

 Busca un grupo de personas que hayan logrado éxito en su vida y a los cuales admiras.

Invítalos a reunirse por lo menos una vez cada 3 o 6 meses para hablar presentar los problemas de tu negocio y pedir consejos.

Después de cada reunión, crea un lista de pasos a seguir antes de la próxima reunión.

La próxima vez que se reúnan, comparte los resultados que tuviste por medio de los pasos que tomaste.

Cabe notar que aunque no les ofrezcas una compensación monetaria a este grupo, puedes pagar por su desayuno. Ellos normalmente ya han alcanzado su éxito y están dispuestos a ayudar a otros. Tienen muchísimo conocimiento. ¡No lo tienes que hacer solo!

138

¿Estás comprometido de verdad?

El compromiso es la raíz del éxito. Sin compromiso es muy posible que no logres nada. Debes de ser exageradamente comprometido, lo cual puede ser alarmante, pero en realidad crea sustentabilidad y fundamentos para lograr lo que quieras. El compromiso te ayuda a crear de algo intangible, algo concreto. Cuando sientas que te alejas de lo que quieres, realiza acciones que te regresen de nuevo al camino.

Observa las acciones que enfrentas en los próximos siete días. Escoge algo que sea importante pero no urgente y hazlo con consistencia.

¿Qué harás esta semana que es importante mas no urgente?

¿Sabes lo que quieres?

Muchas veces, no sabemos lo que queremos en la vida. Tienes oportunidades por tus habilidades, talentos, capacidades que posees y tú eres quien se da permiso de revelar o redescubrir las cosas que amas hacer. Define tu pasión, ¿Qué es lo que quieres? Es válido hacerse preguntas como: ¿Por qué no soy feliz? ¿Por qué no encuentro lo que me apasiona? Mientras buscas, las preguntas irás obteniendo respuestas.

Escribe lo que quieres de la vida. Si supieras que no hay límites, ¿qué es lo que quisieras para tu vida?

_____

_____

_____

¡No hay límites!

140

La perseverancia y la persistencia son la clave

Todos comenzamos proyectos. De hecho, empezamos varios proyectos al mismo tiempo pero no los completamos. Cuando iba en preparatoria, decidí comenzar a escribir diarios y me prometí que lo haría cada día, sin excepción por un año. Esta pequeña prueba resultó ser uno de mis más grandes retos. A veces estaba de viaje, enferma o simplemente sin ganas de escribir. Sin importar qué pasara, seguí escribiendo, todos los días por un año, dos meses y seis días. Me di cuenta que fui más allá de mi compromiso, lo cual me hizo sentir muy bien. Este reto me ayudó a entender la importancia del compromiso, porque si lograba esta prueba, tendría la perseverancia de alcanzar metas más grandes. Ahora, aplico esta filosofía a mi negocio y a todas las áreas de mi vida.

Comprométete a hacer algo este mes, ya sea empezar un programa de ejercicios, escribir un libro, crear un proceso u otra cosa que quieras lograr.

Me comprometo a:

_____

_____

_____

Recuerda tus logros de vez en cuando

Si estamos ocupados, profesional y personalmente, es posible que olvidemos nuestros logros, lo que nos puede hacer sentir agotados o frustrados. Para mantenerme motivada, yo escribo mis logros al menos una vez al mes. Cuando tengo un día difícil, regreso a leer mi diario y entonces siento de nuevo la energía y el entusiasmo. Si has logrado algo en el pasado, puedes seguir duplicando las mismas o mejores experiencias. ¡No te olvides de lo que has logrado!

¿Cuándo fue la última vez que recapitulaste tu éxito y tus logros?

Escribe cinco cosas espectaculares que te sucedieron durante el mes pasado.

_____

_____

_____

_____

_____

142

Que la gratitud sea un estilo de vida

Ésta es probablemente una de las cosas más importantes que puedes hacer para conseguir el éxito. Si no eres agradecido con lo que tienes actualmente, ¿cómo esperar recibir mejores cosas en el futuro? Agradece todo lo que tienes, empezando por tu familia, tu hogar, coche, ropa, comida, trabajo o negocio. Nunca dejes que nada pase por desapercibido. Cuando empiezas a sentir gratitud en tu corazón, verás muchas más cosas buenas venir inesperadamente. La gratitud hace que tus sueños y deseos lleguen más rápido.

Enlista cinco cosas por las que estés agradecido hoy:

Agradezco por:

_____

_____

_____

_____

_____

Visión, motivación, perseverancia y resistencia

Estas cuatro palabras son la razón de mi éxito. La visión me ha dado la capacidad de ver más allá de lo que está frente a mí. La motivación me ha impulsado y me ha dado un deseo candente de cumplir lo que puedo crear con esa visión. La perseverancia me ha brindado la energía constante para mantener mi motivación. Y la resistencia me da la fuerza para no rendirme en una situación adversa.

¿Cuál es tu visión?

¿Qué te motiva de esta visión?

¿Qué acción puedes tomar hoy para acercarte a tu visión?

¿Qué puedes hacer para superar los obstáculos que te alejan de tu visión?

144

Piensa en GRANDE

A veces nos limitamos a las pequeñas cosas cuando no deberíamos. Mi mentor Jerry Mitchell me dijo una vez: "Piensa en grande, piensa en grande, ¿por qué limitarte cuando el mundo es tan inmenso?" Puedes cambiar al mundo pensando en grande.

Cuando emprendo un nuevo proyecto, pienso en estas palabras y entonces me abro a las posibilidades en lugar de restringirme por un proyecto pequeño. Trato de imaginar cómo lo que estoy haciendo puede tomar magnitud nacional o internacional. Vas a obtener recompensas que jamás creíste sólo por pensar en todo lo grande que puedes lograr teniendo una misión.

Enlista algunos cambios que puedes hacer en tu negocio para ajustarlo a una visión más grande.

_____

_____

_____

_____

Recuerda que los límites nos los imponemos nosotros mismos la mayoría de las veces.

Ayuda sin esperar nada a cambio

Una de las formas más nobles de dejar un impacto en el mundo, es dando; ya sea tiempo, dinero o recursos, la clave es darlos sin esperar nada a cambio. Yo hago esta filosofía parte de mi vida cada día. Por ejemplo, si alguno de mis amigos busca trabajo veo la forma de presentar a esa persona con gente que le puede ayudar. Si un negocio local tendrá un evento, salgo de mi rutina para que la información salga en mi boletín, el cual tiene un alcance de 5,000 lectores. ¿Notas la tendencia? Sal de tu ruta cotidiana para lograr un impacto en las vidas de otras personas. Verás los resultados increíbles.

¿Cómo ayudarás esta semana?

_____

_____

¿Cómo saldrás de tu rutina para ayudar a esa persona u organización?

_____

_____

146

¿Aplicas lo que has aprendido en la vida?

Aprender y aplicar nuevas lecciones en nuestras vidas nos hace crecer y adquirir entendimiento. Tengo experiencia en Relaciones Públicas y Mercadotecnia, pero jamás dejo de aplicar las cosas nuevas que aprendo. Por ejemplo, cuando un nuevo reporte de estadísticas de mercadotecnia es publicado, lo leo y lo incorporo en las presentaciones de mis clientes, pero más que nada lo aplico.

Puedes convertir algo no existente en algo concreto, en algo de éxito sólo con aplicarlo. Del mismo modo, puedes utilizar un método o idea de alguien y aplicarlo en tu vida inmediatamente.

¿Qué has aprendido en esta semana?

_____

_____

¿Lo has aplicado?

_____

_____

   Sí _____

   No _____

Recuerda tu pasión cuando estés estresado

Nadie dijo que el camino al éxito sería fácil, por eso es importante que recuerdes que amas lo que haces en momentos de dificultad. En muchas, muchas ocasiones yo he estado a punto de rendirme con mucho estrés, pero he decidido en vez de eso, respirar profundamente y analizar las razones por las cuales me siento así. Recuerdo a las personas tan increíbles que conozco todos los días y me acuerdo de lo mucho que disfruto hacer lo que hago. Visualizo aprecio y amor. Me doy cuenta de que todos tenemos tiempos de dificultad, y que es entonces que es importante volver a conectarse con lo que uno ama. Siempre se consciente de lo que te apasiona de tu profesión, para que cuando el camino se vuelva difícil, seas capaz de moverte con entusiasmo hacia delante.

¿Qué parte de tu profesión es la que más disfrutas?

_____

_____

148

Hay para todos

La "Ley de Circulación" menciona que todo lo que das se te regresa multiplicado diez veces. Esta ley es inquebrantable como la "Ley de Gravedad". Crea una abundancia de conocimiento, experiencias y beneficios y compártela con la gente a tu alrededor. Quitémonos ese pensamiento de envidia que a veces encontramos en nuestra cultura hispana. Hay recursos y oportunidades para todos. Hemos crecido con la perspectiva que hay escasez (no suficientes recursos para que todos tengamos éxito) lo cual no es cierto y causa conflicto entre nuestros compatriotas.

Yo comparto, por ejemplo, mi boletín, mis contactos y mi información con otros profesionistas de mi negocio y siempre recibo gran apoyo de su parte. Hay suficiente para todos y entre más hagas circular lo tangible y lo intangible, más vas a recibir. Esa es la ley.

Escribe un beneficio visible o no visible que puedas compartir con alguien esta semana: _____

_____

¿Con quién lo vas a compartir? _____

_____

149

Busca el lado bueno

Enfrentémoslo, vivimos en un mundo muy negativo. Todos tenemos días malos, pero siempre tenemos la opción de cambiarlo y convertirlo en un día fantástico. Cada vez que contesto el teléfono y me preguntan: "¿Cómo estás?" mi respuesta siempre es: "¡Fantástico!" Debo de confesar que no siempre estoy tan bien, pero me motivo en las llamadas que recibo, porque decirlo cada vez, cambia mi estado mental. Del otro lado de la línea, el efecto es igual de increíble. He recibido varios elogios de gente que dice que tengo una actitud positiva.

La motivación también se mide en el compromiso de hacer algo que no es necesariamente urgente, pero es importante. Comienza a hacer tareas, aunque no tengas demasiadas ganas y verás la diferencia en tu nivel de motivación. Mantenerte motivado y compartirlo con los demás construye relaciones genuinas. Tu motivación aumentará siempre que ilumines el camino de alguien más.

¿Qué haces cada día para mantener la motivación?

150

Mantente firme en la adversidad

Ser una joven mujer hispana me hizo bastante vulnerable. Casi comenzando mi negocio trabajé con un cliente cuya situación financiera se tornó difícil y decidió que no iba a pagarme. Me sentí devastada y me debatí un tiempo pensando si había algo mal hecho, pero por más que lo pensaba no podía encontrar razones para su pretexto para no pagar. Los meses pasaron y yo seguí angustiada aunque sabía que tenía los resultados para corroborar mis logros. Decidí mantenerme firme a mis convicciones y tomé acción legal. La demanda fue un éxito y tuve mi dinero antes de lo esperado.

¿Estás enfrentando adversidad? Sí _____ No _____

¿Puedes aplicar este consejo en tu vida y asegurarte que te mantendrás firme?

No te rindas, valdrá la pena.

151

Alimenta ese deseo ardiente

Ese deseo ardiente es el que conduce tus sueños. Es esa fuerza intangible e invisible que te mueve a hacer todo lo que haces cada día. Alimentarte con metas y objetivos es la clave para seguir adelante. Constantemente medito, leo y visualizo mis sueños como si ya estuvieran aquí. Pensar en eso me emociona y me mantiene en movimiento. Todos tenemos un sistema de guía interna que nos permite asegurarnos de que hacemos lo correcto. Ese deseo ardiente dentro de nosotros nos permite saber que estamos en el camino correcto por medio como nos sentimos, de nuestras emociones. Cuando sientas este deseo ardiente, convertirás tu vida de ordinaria a extraordinaria.

¿Qué te provoca emoción? ¿Qué hace que el fuego dentro de ti crezca?

Intenta uno de estos métodos para llevar tu deseo al siguiente nivel esta semana:

- *Medita*
- *Escribe tus sueños*
- *Visualiza*
- *Siente lo que es tener tus sueños aquí y ahora*
- *Practica una afición que te apasiona*

152

Ayuda sin saber a quien

Hay muchas organizaciones locales que necesitan tu apoyo. Ya sea compartiendo tu experiencia con otros, asesorando estudiantes o recolectando alimentos, todos podemos darnos un tiempo para hacer una diferencia en nuestra comunidad. Te vas a sentir muy bien de saber que tú ayudaste a hacer al mundo un mejor lugar para ti y para los que están a tu alrededor.

Escribe tres organizaciones a las que puedas ayudar esta mes:

1. _____

2. _____

3. _____

¡Sí te lo mereces!

En el libro "El Secreto", la autora Rhonda Byrne propone un proceso de tres pasos para utilizar "La Ley de Atracción" para alcanzar tus sueños: pide, cree y recibe. Ser consciente de las oportunidades se refiere al tercer paso del proceso. Trabajamos mucho para lograr nuestras metas y objetivos, pero cuando estamos a punto de recibir, nos volvemos escépticos. Todos los días, debemos mantener un sentido de apertura a las posibles oportunidades. Mantenerte alerta a ellas te va a hacer feliz porque sabrás que estás aprovechando las oportunidades al máximo.

¿Estás listo para recibir?

Sí _____ No _____

Escribe una oportunidad que puedas aprovechar esta semana.

_____

_____

154

La innovación es la solución

Tu negocio no puede sobrevivir sin innovación constante. Tienes que estar al pendiente de nuevas tendencias en el mercado y la industria, y ajustarte al mundo cibernético en el que vivimos actualmente. Debes innovar o no podrás sobrevivir. Yo consigo esto escuchando a mis clientes y a la gente a mi alrededor.

El año 2009 fue uno de los más difíciles para la mayoría de los negocios, muchos quebraron y otros lograron salir adelante casi de milagro. Mi idea de innovación entró en práctica cuando vi a muchos negocios pequeños sufrir la crisis, perdían presencia en el mercado y yo me desilusionaba de ver lo que estaba sucediendo.

Aunque nosotros también pasamos por una mala racha, sobrevivimos siendo creativos e innovadores. Realizamos un reporte de mercadotecnia para pequeños negocios y lo pusimos a un precio muy accesible. Creamos un seminario de estímulo en mercadotecnia donde brindábamos conceptos básicos para que los dueños de negocios siguieran ese reporte, y terminamos haciendo tres series de seminarios en el año en conjunto con la cámara de comercio local.

Este proyecto fue la razón de que nuestras ganancias brutas y nuestro margen de crecimiento entre 2008 y 2009 haya crecido 56 por ciento, en uno de los peores años para la economía. Si no hubiéramos sido innovadores: escuchando lo que el mercado nos anunciaba y cambiando de acuerdo a ello, probablemente no hubiéramos alcanzado ese crecimiento.

Pon atención a las tendencias del mercado para ajustarte a los cambios, especialmente ahora en la era cibernética. No tengas miedo de aplicar nuevas técnicas, sé innovador, sé el primero en aplicar nuevas tecnologías y combinarlas con las actividades que realizas con tus clientes.

Haz una lista de cambios eminentes en tu industria:

_____

_____

¿Cómo puedes aplicar algo nuevo para contrarrestar esos cambios?

_____

_____

¿Qué es lo que puedes hacer para ajustarte a esos cambios?

_____

_____

Recuerda, la innovación constante es lo que te mantiene en el negocio.

155

No dejes de aprender

Cuando tenía sólo siete años de edad, conocí la literatura de Dale Carnegie ("How to Win Friends and Influence People" – "Cómo Ganar Amigos e Influir Sobre las Personas") Napoleon Hill ("Think and Grow Rich" – "Piense y Hágase Rico") y Zig Ziglar ("Inspiration" – "Inspiración"), entre otros. Ahora, como adulta, sigo buscando motivación, autoayuda y otra información que me mantenga en ventaja. Entre más conozco, más quiero aprender. La información está disponible en bibliotecas, internet, revistas, periódicos y muchas otras fuentes. Desgraciadamente, como hispanos, no estamos acostumbrados a la lectura y esto hace que perdamos muchas oportunidades de aprender cosas nuevas para crecer como personas. Buscar conocimiento te va a mantener actualizado y útil.

¿Cuál libro te comprometerás a leer esta semana?

Haz de la lectura un hábito.

El poder de la actitud positiva

¿Ya has oído la anécdota del **"vaso medio lleno y medio vacío"**? La persona optimista ve el vaso medio lleno, mientras que el pesimista lo ve medio vacío. Podemos tener situaciones difíciles, obstáculos y retos, pero también tenemos la posibilidad de buscar el lado positivo y convertir todo eso en lecciones de vida. Es muy fácil ser positivo cuando las cosas van bien, pero enfrentamos el verdadero reto cuando las cosas se tornan difíciles. Cuando comiences a experimentar negatividad, hazte INMEDIATAMENTE consciente y toma la decisión de cambiar esos pensamientos por positividad.

Cuando te encuentres en medio de una situación difícil esta semana, detente y piensa en una experiencia positiva (personal o profesional). Comienza a sentir la felicidad y date cuenta cómo la situación negativa se vuelve repentinamente muy pequeña y desaparece.

¡Ahí es dónde la magia comienza!

157

Abre tus brazos a la vida

¡La vida es preciosa! Amo las cosas físicas de la vida y como sobreviviente de cáncer, también amo la vida misma. Mucha gente va por la vida sin apreciar los pequeños detalles. ¿Por qué nos tenemos que enfocar en las cosas sin importancia? ¿Por qué no enfocarnos en la esencia de la vida? Agradece lo que tienes, porque mañana podría no estar ahí mañana. Enfocándote en todas las bendiciones en tu vida, podrás ser más feliz y pleno.

Haz una lista de todos los detalles por los que estás agradecido: familia, amigos, casa, coche, etc. Las siguientes 24 horas, observa y pon atención en las pequeñas cosas que hacen tu vida más fácil.

_____

_____

_____

_____

_____

_____

_____

Vas a estar más alerta y agradecido y muchas cosas más vendrán a ti.

158

Remueve la emoción de los negocios

Como hispanos, a veces nos tomamos las cuestiones de negocios muy personales. Los negocios son negocios, independientemente de las emociones, y no ser capaz de separar ambos puede ser perjudicial para tu negocio. Por ejemplo, tuve un cliente que de pronto un día decidió no pagarme a pesar de que yo había hecho todo lo correcto. Había estado en el negocio por pocos meses y sentí que se estaban aprovechando de mí. Eso fue perjudicial para mi desarrollo porque llegaba a casa y lloraba por eso. Esa emoción me causaba sufrimiento y también era la causa de que yo no pudiera trabajar tan efectivamente con otros clientes. No me permitía ver las cosas objetivamente, porque eso es lo que pasa cuando te centras en las emociones.

Después de luchar por semanas con esta situación, me dije: "¿Sabes que? No puedo dejar que esta emoción me domine, tengo que separarme de ello y ver las cosas objetivamente". Después de eso, decidí tomar acción legal y me representé a mí misma. Esa fue una de las experiencias más importantes en mi vida como empresaria porque me defendí a mí misma. Sí, me sentí vulnerable. Sí, sentí que se habían aprovechado de mí. Pero esas emociones me lastimaban, hasta que decidí no seguir así y tomar cartas en el asunto.

Remover las emociones te impulsará hacia el éxito, te llevará al siguiente nivel. Vas a ver las cosas más claras y objetivamente y podrás seguir adelante.

¿Cómo puedes aplicar la objetividad a tu negocio el día de hoy?

159

Cumple lo que prometes

Me he encontrado con gente en mi profesión que me dicen que me van a enviar algo o me van a contactar, pero pasan semanas y no sé nada de ellos. Por lo general tengo que darles seguimiento con un recordatorio. Porque he pasado por eso, siempre pongo énfasis de hacer lo que dije que haría.

Cada vez que voy a una reunión y digo que voy a hacer algo, lo escribo usando palabras clave. Si no tengo con qué escribir, tomo la esquina de una tarjeta de presentación y la doblo. Cuando llego a la oficina y veo que una de las tarjetas está doblada, sé que tengo que hacer algo y pongo manos a la obra. Al terminar, siento un sentimiento de logro. He recibido muchos comentarios de personas que dicen: "¿Sabes Jackie? Siempre estás en control de todo. Dices que harás algo y lo haces." Esto impresiona a las personas y es bueno para los negocios. ¡Cumple tus promesas!

Esta semana promete algo y cúmplelo.

¡Te vas a sentir muy bien!

160

No hay nadie mejor que tú

Si tratas de cumplir las expectativas de todo el mundo, lo único que va a pasar es que te vas a alejar de tu verdadero yo. Tienes que ser tú mismo, es la única manera de conseguir éxito verdadero. El día que te aceptes por lo que eres y quien eres será el día en que vas a poder llegar a la cima. No dejes que los demás dicten cómo debe de ser tu vida. ¡Sé lo mejor que puedas!

Decide lo que te gusta de ti mismo.

¡Por los siguientes cien años, esfuérzate por ser lo mejor!

161

La humildad es la base de todo éxito

No existe éxito duradero sin humildad. Cuando logras el éxito y te ganas el respeto de las personas, tienes que evitar centrarte sólo en ti mismo o lo perderás todo. El verdadero éxito viene de un fundamento de humildad, haciéndote camino en la vida sin necesidad de anunciar tus logros gritando a los cuatro vientos. También es importante tener una actitud abierta para reconocer los logros de otras personas. Si eres humilde, tu impacto será mucho más grande del que esperas, porque la humildad es la disposición para servir y hacer una diferencia en el mundo. Ponte del otro lado y haz algo que ayude a la gente.

Tómate un tiempo esta semana para ir a una casa de retiro y platica con los viejitos; ellos tienen mucha sabiduría y te pueden enseñar bastante.

No lo puedes hacer solo

No hay éxito sin el apoyo de la familia. A veces dejamos a la familia cuando vamos a buscar nuestro desarrollo profesional. En realidad, el éxito viene con el apoyo de otros. No es necesario estar casado y tener hijos para conseguir el éxito, pero es importante tener a alguien que te apoye y te motive. Con el apoyo de la familia y amigos conseguirás ir más allá.

Encuentra a un miembro de la familia o un amigo que te anime y te apoye, alguien con quien compartes tu progreso y experiencias de vida.

¿Quién es esa persona?

Es fabuloso tener alguien con quien compartir.

163

¿Estás cómodo?

Estamos a veces demasiado cómodos con lo que tenemos en la vida y nos quejamos de lo que no tenemos. Hacer algo que no es urgente, pero es importante es lo mismo que salirse de la zona de comodidad. El objetivo es ir más allá de lo que te hace sentir cómodo. La idea es imponerte el reto, ser mejor de lo que eres por lo general para crecer un poco más.

¿Qué es lo que has estado evitando hacer? Haz algo el día de hoy que te lleve más adelante aunque no sea tan cómodo de realizar. Lo que estás dejando para después será igual de feo ahora, que al final del día. Encuentra eso que no estás haciendo, pon manos a la obra y avanza.

¿Qué puedes hacer en las siguientes 24 horas para ir más allá de las cosas que normalmente haces?

164

¿Qué sigue?

Frecuentemente, cuando alcanzamos una meta o cumplimos un objetivo nos quedamos ahí. En lugar de eso, es buena idea que cuando logres una meta te propongas una más grande, tanto en tu vida personal como en los negocios, todo ello implica una evolución. Esta evolución constante y una serie de pasos adelante es lo que te llevará al siguiente nivel. Nunca dejes de trabajar, nunca dejes de evolucionar y verás el crecimiento que lograrás. Sentirás la realización y la emoción de lograr la siguiente meta.

Basándote en lo que has logrado esta mes, define tu siguiente paso:

_____

_____

165

No dejes que tus metas desaparezcan

La verdad es que nos rendimos todo el tiempo. Nos llegan ideas e inspiración, las escribimos, pero unas semanas después es como si jamás hubieran existido. Si no dejas que tus metas desaparezcan, tendrás la capacidad de recordarte todo el tiempo que no debes de dejar ir la recompensa que viene con ellas. Si tienes una idea, escríbela y analiza su factibilidad: ¿Cómo la llevarás a cabo? ¿Se alinea esta idea con tus objetivos y metas? ¿Te acerca a tu última meta en la vida, a la de este mes, a la de esta semana? Si la respuesta es "sí", comienza el viaje y sé persistente. Nunca te rindas cuando sepas que vas en camino a tu meta.

Algunas de ellas no son metas físicas, algunas son espirituales, familiares o de relaciones; lo importante es no dejarlas desaparecer. Tenemos demasiadas distracciones que nos pueden alejar de nuestra visión. ¿Serás parte del 99 por ciento de las personas que se rinde a la mitad del camino o serás del uno por ciento que se propone algo, lo lleva a cabo y consigue su meta?

¿Cuál es tu meta para este año?

"Para recordar mi meta haré…"

Pon notas por toda tu casa, compártelo con personas y crea afirmaciones positivas.

Prémiate por cada paso que logres que te acerque a tu meta.

Comprométete a la excelencia

La mediocridad es aprender a conformarse y es posible vencerla por medio de la excelencia. No hagas sólo lo que te hace sentir cómodo, en cambio, imponte retos todo el tiempo. Nos conformamos con lo que nos dan, nos conformamos con las circunstancias. Mucha gente dice: "Esto es lo que me tocó, no hay nada que yo pueda hacer". Tú eres el conductor de tu propia vida y tú eres quien puede hacer el cambio. Puedes aprender a no conformarte, a lograr cosas mejores y a imponerte retos constantemente.

Tú controlas lo que te sucede por la forma en la que reaccionas. No hay una circunstancia, evento o persona que pueda dictar como te vas a sentir o que vas a hacer con tu vida. Aprende y aplica la excelencia en todo lo que haces porque así es como escoges reaccionar ante la vida.

Piensa en una parte de tu vida que puedas cambiar o mejorar. ¿Qué puedes hacer hoy para demostrar la excelencia en tu vida?

Eres el conductor de tu propia vida.

167

Aplica la "Ley de Atracción"

Puedes aplicar la "Ley de Atracción" en tu vida diaria. Piensa en todo lo que tienes, cosas que pasas por desapercibidas y las cosas que no aprecias en tu vida normal: un baño caliente, una casa, un coche, la familia, la televisión. Escribe todo lo que tienes ahora y agradece por cada una de esas cosas. Todos estamos hechos de energía, pensamientos, sentimientos y gratitud. La clave es cómo aplicamos la "Ley de Atracción" en nuestra vida: pide, cree, recibe. ¿Qué quieres? ¿Para qué lo quieres? Ábrete a recibirlo.

Piensa en lo que quieres, cree en que ya lo tienes, y ábrete a recibirlo.

El éxito conlleva responsabilidad

Cuidar a tus clientes, tu familia y tu negocio significa que mucha gente depende de ti. Es difícil ser la persona que todo mundo espera que seas, te puedes cansar o hartar. Es difícil tener responsabilidad pero no puedes tener éxito sin ser responsable. Reconoce que el éxito vendrá en proporción a tu nivel de responsabilidad.

Haz algo fuera de lo ordinario esta semana para acercarte a tu meta.

Ejemplos:

Despiértate más temprano
Ve a la cama más tarde
No veas televisión

¡Utiliza ese tiempo para mantenerte en el camino hacia tu meta!

Es importante que estés dispuesto a pagar el precio si quieres sentir la recompensa y el sentimiento de realización.

169

No dejes que el miedo, la indecisión o la duda te dominen

El miedo paraliza. La indecisión te influencia. La duda no te deja mover al siguiente escalón. Estas son tres razones por las que las personas fracasan. ¿Cómo se supera el miedo, la duda y la indecisión? Cuando yo siento miedo, me detengo a pensar por qué tengo miedo. Trato de analizarlo escuchando a mi yo interno y tratando de ver la situación objetivamente. Entonces, cierro los ojos y en mi mente hago que ese miedo explote y veo como se desintegra ante mis ojos. Después de eso, me doy cuenta que no hay razón para tener miedo. Así me permito tomar decisiones y me muevo hacia adelante sin ninguna duda.

Una vez que hayas escuchado a tu intuición y analizado el miedo, conscientemente desintegra todo temor. ¿Hay algo deteniéndote el día de hoy? ¿Qué acciones vas a tomar para superar eso? Si un miembro de tu familia te está deteniendo, diciéndote que no puedes lograr lo que te propones, ¿qué medidas vas a tomar para probar su error? ¿Vas a enfrentar a esa persona para decirle que deje de hacer eso, o lo vas a ignorar y vas a seguir adelante?

¿Qué vas a hacer hoy para deshacerte del miedo y las dudas y reforzar tu seguridad?

_____

_____

El éxito tiene sus retos

Cuando tu desempeño es mediocre, te da miedo que te critiquen, te da miedo fracasar y te da miedo la posibilidad de perder tu trabajo. El factor común es el miedo. La frustración y la ansiedad también pueden interponerse. Cuando consigues el éxito, tienes retos que vencer. ¿Qué pasa si no lo logras la próxima vez? De todos modos, tienes que escoger si vas a seguir como estás o vas a volverte mejor. Si te conformas con lo que tienes y te quedas exactamente como estás, sin el deseo de superarte, el estancamiento se convierte en un problema. El 95 por ciento de las personas son seguidores y sólo el cinco por ciento son líderes. Sé un líder y acepta los retos que tiene el éxito.

Enlista lo que tienes que dejar para lograr el éxito y las cosas que obtendrás por dejar esas cosas:

Dejar _____

Ganar _____

Ahora ponte en acción.

171

No te conformes

"Piensa sólo lo mejor, trabaja para los mejores y esperar sólo lo mejor", esta frase es parte del **Credo Optimista** de Christian D. Larson y representa la excelencia. Cuando eliges la excelencia el resultado es que te conviertes en el dueño del proceso y entonces logras lo mejor. No conformamos frecuentemente, pensando que hacer algo a medias está bien o que algo simplemente hecho es suficiente. Tenemos todo el derecho de buscar la excelencia, para aceptarla y ser lo mejor que podemos ser.

Los siguientes tres días, vive como si alguien te estuviera observando todo el tiempo, ¿Cambiarías algo que estás haciendo ahora?

Sí _____   No _____

Si la respuesta fue sí, ¿qué cambiarías?

_____

_____

Ten tu salud en mente

Estamos tan ocupados yendo y viniendo que se nos olvida nuestra salud, la subestimamos pero es crucial para nuestro desarrollo y éxito. Asegúrate de cuidarte porque si no tienes salud, no te puedes concentrar en lograr lo mejor. La salud es el vehículo que te permite estar al máximo y dar lo mejor de ti.

Haz algo esta semana que ponga tu salud en primer lugar, como comer comida orgánica y natural, hacer ejercicio, tomar tus vitaminas.

Repítelo cada semana.

173

Las lecciones de la vida son agridulces

La vida muchas veces nos presenta situaciones difíciles personales y profesionales. A veces quieres rendirte y no seguir, pero de pronto cobras nuevos ánimos. Continúas, sin importar la dificultad y no te rindes. Te das cuenta que las recompensas de la vida son dulces. La gente pasa por dificultades y retos, pero sólo por perseverar, vas a obtener una recompensa, personal y económica. Es importante que estés consciente que la vida nos seguirá presentando diferentes situaciones hasta que aprendamos la lección y si te abres para aprenderlas, la vida te brindará más cosas para aprender.

¿Cómo convertiste un reto de la vida en una de las recompensas de la vida?

¿Cuál es una recompensa que has recibido que no habías reconocido hasta ahora?

Reconoce cuándo tomar oportunidades

Dejamos que las oportunidades nos pasen por un lado, lo cual está relacionado con la "Ley de Atracción" y el proceso de tres pasos para lograr nuestras metas: pedir, creer y recibir. Hacemos cosas y pedimos cosas, pero en seguida nos volvemos escépticos cuando las oportunidades se nos presentan. Perdemos muchas oportunidades porque dudamos si serán buenas para nosotros. Mantente enfocado y cuando veas la ocasión de hacer algo que te ayude a crecer, tómalo. Aprende a tomar las buenas y dejar las malas pasar.

¿Puedes identificar una oportunidad que puedas tomar esta semana que se sincronice con lo que realmente te apasiona?

175

Un pasito más...

Ve más allá en todo lo que hagas, un poco más de investigación, un escalón más arriba, agrega un componente más. Esto te ayudará a llevar a tu trabajo el siguiente nivel, individual y profesionalmente.

Ir más allá te brindará increíbles recompensas. En las Olimpiadas y otras competencias importantes, la mayoría de las veces, la diferencia entre el primero y el segundo lugar es una fracción de segundo, pero la diferencia en el premio es substancial. Es esta pequeña fracción la que pone al ganador adelante. Aplicar este tipo de mentalidad en tu vida puede ser muy gratificante.

Escoge algo que puedas hacer mejor esta semana, aunque sea un poquito.

Las afirmaciones funcionan

A veces creemos que nuestros sueños son inalcanzables, simplemente no son para nosotros. Las afirmaciones son buenas herramientas para recordarte que puedes alcanzar todo lo que quieras. Son por lo general, oraciones escritas o actividades que te dan confianza para seguir adelante. Deben de estar expresadas de forma positiva, en tiempo presente con un agradecimiento. Por ejemplo, "Estoy agradecida que vivo una vida libre de cafeína".

Usa las afirmaciones para crear tu propio camino y mantente enfocado en ello.

Escribe la meta que tienes para esta semana:

_____

Crea un afirmación con tu meta en tono positivo:

_____

Colócala en un lugar donde la puedas ver y leer todos los días.

Visita este sitio para conocer la forma de hacer afirmaciones efectivas: **www.bizsecretsthatwork.com/affirmations.pdf**

177

Visualiza tu futuro para crear una nueva realidad

Confiamos en lo que vemos físicamente en nuestro negocio para demostrarnos en dónde queremos estar y a dónde queremos ir, pero la visualización nos lleva al lugar donde queremos estar (por medio de nuestra mente) para empezar a atraer lo que se necesita para llegar ahí.

Concéntrate en tu sistema de guía interior y visualiza todas las cosas positivas que quieres en tu vida. Por medio de la visualización, la manifestación física de tus sueños aparecerá.

Investiga un poco en técnicas de visualización.

Aplica la que tenga mejor sentido para ti.

178

Contratistas cuando lo necesites

No te adueñes de la cadena de mando, dirígela. No necesitas tener empleados para cada tarea, si subcontratas, puedes tener los mejores talentos en cada área particular. Los contratistas cobran por proyecto, así que puedes tener personas comprometidas, que son expertos en lo que hacen y les entusiasma hacer los proyectos para ti cuando los necesites, especialmente en la temporada alta. Tú sacas tu trabajo adelante, y ellos ganan dinero por algo especifico que te ayudó. Minimiza tu riesgo y gasto por medio de las subcontrataciones.

Escribe qué área de tu negocio puede ser subcontratada.

179

Los tres componentes del éxito

Los tres componentes del éxito, como los define mi mentor, Jerry Mitchell son:

1. Pasión
2. Tiempo
3. Integridad

Los tuyos pueden ser diferentes dependiendo de la industria en la que te desarrollas, situación familiar y otros factores, pero debes de asegurarte que tienes una consciencia para reconocer que estás en el lugar correcto en el tiempo correcto. Utiliza los ingredientes para el éxito que mejor concuerden contigo y sean acordes con lo que quieres conseguir en la vida, personal o de manera profesional. Eso te dará la autenticidad que necesitas para ser exitoso. Recuerda que lo que representa el éxito para ti, es diferente de lo que es para los demás.

Define tus tres componentes del éxito:

1. _____
2. _____
3. _____

Las limitaciones son oportunidades

Por lo general prevemos el fracaso. Nos enfocamos más en lo negativo. Creo que tiene que ver con los medios de comunicación y todo lo que vemos a nuestro alrededor y con nuestras limitaciones culturales. Esto nos sitúa automáticamente en lo negativo porque es lo que vemos todo el tiempo. Lo que ves ahora de la vida es lo que tú creaste en el pasado. Lo que ves en el futuro es lo que creaste en tu mente hoy. Es por eso que es importante visualizar el éxito de manera que te aleje de la negatividad.

Visualiza el resultado de algo que piensas que es difícil de lograr.

Visualiza el final feliz de una dificultad actual.

Repítelo en tu mente el mayor número de veces posible.

181

Reconoce el talento de otros

Cada persona a tu alrededor tiene talentos que los hacen únicos, pero por lo general pasan desapercibidos. Conviértete en la persona que elogia a otros, sin esperar nada a cambio. Si reconoces las fortalezas de los demás, también se te reconocerán las propias.

Como hispanos, a veces tenemos la mentalidad que si elogiamos a otros, nos quitamos algo de nosotros. También no estamos acostumbrados a elogiar a otras personas porque simplemente no lo hemos experimentado nosotros mismos porque nuestros padres o familiares no nos expresaron un "te quiero" u otro elogio de niños. Pensamos que el elogiar a otra persona nos convertirá en personas vulnerables y débiles ante los demás. La realidad nos fortalece y hace que atraigamos relaciones humanas genuinas

Dile a alguna persona el talento que ves en él o ella.

¿Quién es esa persona?

¿Cuál es su talento?

¿Cómo le ayudarás a esa persona a usar su talento?

¿Qué significa el estar presente?

La mayoría de las personas viven inmunes a la realidad de el presente y siempre preocupándose por el pasado o el futuro. Yo era una de esas personas, hasta que mi vida cambio después de ser diagnosticada con una condición muy rara que afecta a una de cada 150,000 personas. Mi vida dio un giro tremendo y por primera vez sentí lo vulnerable que era. Desde esa experiencia que casi causa mi muerte, decidí vivir cada día como si fuese el ultimo. Trato de concentrarme en lo que está sucediendo sin preocuparme por mis limitaciones o retos que voy a enfrentar. Esto no significa no planear o ignorar circunstancias, pero más bien el estar alerta, despierto para que las oportunidades que se te presentan no pasen desapercibidas. El estar presente le dará un giro positivo a tu vida.

Practica estas tres maneras de estar presente esta semana:

1. Cierra tus ojos cuando tomes un bocado para disfrutar el sabor al máximo.

2. Cuando estés conversando con alguien, ve a la persona directamente a los ojos y repite lo que te dice para asegurarte que realmente la estás escuchando.

3. Haz una lista de retos que has vivido y las lecciones que te han brindado y aplícalas el día de hoy.

183

Llenar, ¿cuál vaso?

Uno de mis mentores, Brian Marshall, compartió una interesante costumbre de vida cuando visitaba Japón. De acuerdo a la cultura japonesa, durante la cena es tu tarea llenar el vaso de la persona a tu izquierda lo que dura la comida. Como tu estás sentado al lado izquierdo de alguien, tu vaso también está siempre lleno. Esta práctica puede ser aplicada a todos los aspectos de la vida.

Si compartes tus conocimientos, tus experiencias, tu amor y tu pasión, tu vaso siempre estará lleno. Cuando ayudas a alguien más, los demás te ayudarán a ti también. Das y recibes. Si ayudas a la gente, siempre va a haber quien te ayude a ti y te impulsarán a llegar a donde quieres estar.

Identifica a alguien a quien puedas ayudar esta semana. Así sin más explicaciones, aparece por ahí y pregunta: **"¿Cómo te puedo ayudar?" "¿Qué necesitas?"**

Haz que la gente se sienta importante

No importa si tú eres el director de una escuela o el encargado de intendencia. Todos tenemos una necesidad interna de sentirnos importantes, de ser reconocidos y de sentir que estamos haciendo nuestra contribución al mundo. Para hacer que los demás se sientan importantes, elogia sus detalles, ya sea en su aspecto o por algo que hayan hecho, pero mantén en mente que tiene que ser un elogio genuino. Te vas a sentir más seguro de ti mismo y feliz de que logras un impacto en la vida de alguien más y las personas te admirarán por tu actitud positiva.

Haz buenos comentarios a tres personas esta semana.

No tiene que ser algo demasiado grande, pero debe de ser genuino.

185

Respira felicidad

La vida tiene muchas cosas simples y felices que ofrecer. Reconocerlas te impulsará a aceptar cosas más grandes. Algunos años atrás, yo comencé a respirar felicidad. ¿Respirar felicidad? ¡Sí, es correcto! No necesito que pase algo extraordinario para experimentar felicidad durante el día. Simplemente me detengo un momento, respiro profundo, recuerdo un momento feliz y siento la dicha. ¡Es muy fácil!

Cuando respiras felicidad te puedes cargar de energía y atraer más felicidad a tu vida.

Respira profundo.

Conscientemente inhala y exhala.

Siente y piensa en lo que te hace feliz por un momento.

Hazlo hasta que se convierta en un hábito.

Nunca pares de aprender

Con tanta información que se nos presenta cada día, es difícil en momentos precisar la lección que debemos incorporar a nuestros negocios. Cuando llegué a los Estados Unidos, tenía 14 años y no hablaba inglés. Me hice el propósito de aprender por lo menos dos palabras nuevas cada día. Escribía las palabras que me resonaban y las escribía diez veces, así memorizaba cómo la ortografía, pero mi trabajo aún no estaba terminado. Al día siguiente le preguntaba a mi maestra la pronunciación, el significado y cómo usarla. Inmediatamente comenzaba a utilizar esa palabra en mi vocabulario para jamás olvidarla.

Sé inquisitivo sobre nuevas cosas y haz preguntas.

¿Qué lección de negocios he aprendido hoy?

187

No te enfoques en tus limitaciones

Como una mujer joven latina, por mucho tiempo creí que mi debilidad no me iba a dejar llegar a mi sueño de ser una empresaria exitosa. Un día me dí cuenta que esas características percibidas como limitaciones, en realidad eran mi gran fortaleza. Decidí que ser una joven latina le iba a dar un toque interesante a mi negocio y ahora, me ha demostrado que es uno de los más valiosos beneficios como dueña de mi empresa. Tú también puedes cambiar tus limitaciones en fortalezas.

¿Cuáles consideras que son tus limitaciones y cómo las puedes convertir en puntos de ventaja competitiva?

Crea buenos hábitos

Los buenos hábitos procuran una vida de éxito y una vida de positividad. La mayoría de las cosas que hacemos son hábitos. Si puedes mantenerte 21 días haciendo algo, has creado un hábito. Este es tu estilo de vida, la forma que la vives, una parte de lo que eres. Cuando tus hábitos son buenos, tienes integridad.

Selecciona un buen hábito para crear- *lo que sea, desde llegar 15 minutos antes al trabajo o hacer ejercicio, hasta pasar una hora leyendo un libro sobre la industria en la que te desenvuelves.*

Hazlo por 21 días.

189

¿Tienes guía de navegación?

Utilizas tu mente subconsciente para generar sentimientos y ellos, a su vez, generan cosas tangibles. Siempre he creído que todos nosotros tenemos un sistema de guía interna. Vamos fuera a buscar respuestas, cuando en realidad están dentro de nosotros. Puedes tocar en tu subconsciente para encontrar algo positivo y materializar cosas. Ve a un lugar silencioso y piensa en algo que desees. Visualízate en posesión de eso que tanto quieres. Repite el ejercicio cada mañana y cada noche y ve todo lo que quieras conseguir. Cada día lee alguna frase que te haga saber que tienes lo que deseas. Tu sistema de guía interna te va a dar todo lo que pidas.

Escribe la frase aquí:

_____

Léela y visualiza todos los días y todas las noches.

Haz sesiones estratégicas regularmente

Estamos tan inundados de tareas diarias que se nos olvida detenernos a pensar. Perdemos visión y perdemos objetividad. Nuestras vidas están hechas de hábitos, por lo tanto lo que hacemos en el día a día no requiere demasiado pensamiento. Tener sesiones estratégicas, les permite a ti y a tu equipo desarrollar formas para mejorar y generar nuevas ideas. Puedes lograr más en menos tiempo y maximizar tus oportunidades.

Durante el mes, agenda sesiones estratégicas por lo menos una vez a la semana.

Reglas:

- Todos los participantes contribuyen.

- No hay ideas malas o criticas como ideas "locas", solo colaboración.

- Todos los participantes se apoyan.

- Existe un persona que modera la conversación, alguien imparcial.

- Al final, se crea una lista de ideas factibles.

- Los pasos de acción son claramente definidos y delegados a cada participante con fecha límite.

- Se toma acción .

191

Es hora de asumir la responsabilidad

Asumir una responsabilidad no es necesariamente una experiencia negativa, al contrario, puede ser muy positiva porque puedes levantarte y decir: "¡Lo hice!". Una forma muy simple de asumir una responsabilidad es cuando alguien te asigna una tarea y tú dices: "Esta es la tarea que me has asignado, este es el resultado que vas a recibir y esta es la fecha en la que lo tendrás hecho", y entonces puedes hacer un esfuerzo extra y tenerlo listo antes: "Esto es lo que me encargaste hacer, esto es lo que he resuelto hasta ahora y este es mi siguiente paso". Vas a crear más oportunidades de éxito si tomas el mando de tus proyectos y del éxito de tus clientes.

Crea el hábito de tomar responsabilidad.

"Hoy tomo y acepto la responsabilidad. Acepto la responsabilidad por lo que pienso, por lo que siento, por lo que digo y lo que hago. Me muevo hacia delante de forma positiva en la dirección de mis metas."

¡Hazlo!

¡Disciplínate!

Muchas veces empezamos algo que nunca terminamos. Esta es la diferencia entre lograr nuestras metas y no. Mantenerte enfocado en lo que quieres conseguir te ayuda a lograr lo más increíble para materializar cosas que jamás te imaginaste. Analízalo y crea una estructura y una disciplina. Ponte un tiempo límite para tu proyecto y cúmplelo. Mantenerte siempre hace la diferencia.

Selecciona una de las cosas que quieras lograr y aplica los siguientes pasos:

Paso 1: *Analízalo*

Paso 2: *Crea una estructura y una disciplina*

Paso 3: *Aplica la disciplina*

193

Controla tus pensamientos

Tenemos más de 60,000 pensamientos al día que no podemos controlar porque son tantos y vienen de tantas direcciones. Algunos de ellos son positivos, otros son negativos. Si puedes controlar tus pensamientos, te puedes mantener en un nivel óptimo todo el tiempo. Una forma de controlar tus pensamientos es por medio de tus sentimientos. Piensa en lo que te hace sentir bien y de repente, el pensamiento negativo se irá. Puedes cambiar un pensamiento negativo a uno positivo inmediatamente, solamente haciendo algo que te hace sentir bien.

Monitorea cómo te sientes, sé consciente de tus sentimientos y ten siempre contigo una frase, cita, un recuerdo o clave de inspiración que pueda cambiar tu estado de ánimo.

No lo dejes para mañana

Siempre decimos que vamos a hacer algo mañana. "Mañana empiezo con el ejercicio, mañana le llamo a la gente". ¿Por qué estamos esperando a mañana? Hazlo ahora. Una vez que establezcas prioridades, empieza a trabajar en ellas y llévalas a cabo. Disfruta cómo es cumplir con lo planeado y tachar pendientes de tu lista.

Escoge uno de los consejos poderosos de este libro y hazlo ahora, sin dudar.

¿Cuál es el consejo poderoso que vas a aplicar?

Consejo Número: _____

Título: _____

195

Prepárate para el impacto

Toda decisión que tomamos tiene un impacto grande o pequeño. La "Ley de Causa y Efecto" funciona queramos o no. Basándonos en la magnitud de la decisión, puede tener un efecto a corto plazo y al poco tiempo desaparecer, o uno a largo plazo y durar toda una vida. La educación por ejemplo, tiene un impacto sostenible para toda la vida. Ser consciente del impacto te ayudará a tener un enfoque más productivo.

Escribe la decisión que estás contemplando tomar:

_____

_____

Analiza tres posibles resultados de esta decisión:

1. _____

2. _____

3. _____

La pasión te persigue

LaMeisha Taylor, una de las personas más positivas que conozco, me dijo una vez: "no hay éxito verdadero sin pasión". Es una mujer tenaz, motivada y positiva. Aunque LaMeisha ha pasado por circunstancias extremadamente difíciles en su vida, nada la detiene de brillar con luz propia, llenando de alegría a todos a su alrededor. No importa lo que pase, la pasión siempre te va a llevar de regreso al camino correcto.

La pasión:

- *Te abre puertas*
- *Infunde creatividad*
- *Aumenta tu capacidad*
- *Brinda recompensa económica*

Utiliza el rectángulo de abajo para escribir todas las cosas que te apasionan (sin limitaciones, usa un pedazo de papel más grande si lo necesitas):

¿Cómo puedes usar esa pasión esta semana para crear positividad a tu alrededor? *(Si lo que te apasiona es pintar, pinta un cuadro y regálaselo a una persona que aprecies)*

197

«Sushisa Vereshet»

Esta frase no está en inglés, español o chino. De hecho, no estoy segura qué idioma es, pero una monjita muy amable me dio una postal con esta frase y la foto de un árbol que había sido cortado y estaba a punto de secarse completamente. Una pequeña ramita verde de vida se veía exactamente en el centro. En ese momento pasaba por un período muy difícil en mi vida y me dijo que recordara esa frase: **"Sushisa Vereshet"**. He pasado por muchos más retos, pero esa postal siempre me recuerda que puedo volver al camino. No importa cuántas dificultades pases en la vida, siempre podrás renacer una y otra vez.

Esta frase significa **"cortada reverdece"**.

¿Qué te inspira a seguir en tiempos difíciles?

Una frase
Una tarjeta
Una piedra
Un diario
Un libro
Una persona
Otro:

Si aún no tienes algo, créalo esta semana.

Utiliza herramientas de terceros

Las herramientas de autores y motivadores son muy útiles para el autodesarrollo. Éstas incluyen libros, CDs, DVDs, boletines, artículos y presentaciones. Son extremadamente poderosas porque son imparciales y dirigidas a las personas que están listas para absorberlas. Empecé a leer cuando tenía cuatro años, muy pronto después de eso mi madre comenzó a exponerme a libros de motivación. Muchas veces, cuando pienso en mi niñez, pienso en Zig Ziglar, Napoleon Hill, Dale Carnegie, Og Mandino y muchos otros. Cada vez que mi mamá me llevaba a un seminario motivacional, le pedía que nos esperáramos a que todos se fueran para poder saludar y felicitar a los conferencistas y saludarlos. Esperaba algún día ser como alguno de ellos. He incorporado esas enseñanzas de mi niñez a mi vida diaria.

Nunca es demasiado tarde para introducir a tu vida las herramientas de motivación. Entre más expuesto estés a información positiva, más lo convertirás en parte de tu vida para lograr el éxito.

Esta semana realiza uno de los siguientes pasos:

- *Lee diez páginas de un buen libro*
- *Escucha 15 minutos de un buen disco*
- *Lee un artículo o boletín informativo*
- *Asiste a un seminario de autoayuda*

¡Todo tiene que ver con el autodesarrollo!

199

¿Ves el ángel en el mármol?

Tanta gente se da por vencida antes de que el reto siquiera comience. Todos tenemos grandes ideas en nuestra cabeza, pero la mayoría no hacemos nada con ellas. Miguel Ángel una vez dijo: **"Vi a un ángel en la piedra de mármol y esculpí hasta dejarlo libre"**. Es la frase favorita de mi amiga Chris Beebe.

Esta cita es la esencia de convertir algo inexistente, como una idea, un sueño o una meta en su manifestación física aun cuando otros a nuestro alrededor no la vean. No importa que tan grande o pequeña sea tu meta, sólo por crearla en tu mente y haciendo el camino para llegar ahí, ya eres un ganador. No importa si te toma un día, un año o una vida; hacerlo posible es lo que cuenta al final.

Yo estoy completamente comprometida en convertir ideas en manifestaciones físicas y uno de mis lemas es: "¡Haz que suceda!" De hecho, me gusta tanto hacer que las cosas pasen que me nombre a mí misma la Directora de "Hacerlo Posible", en vez de Presidenta de mi agencia de mercadotecnia y relaciones públicas. Cuando conseguimos nuevos clientes y conocen mi título, confían en que estoy comprometida con lograr su éxito porque me gusta hacer que las cosas sucedan. Si tienes la actitud "haz que suceda", convertirás todos tus sueños en realidad.

Da un paso hacia la meta que tienes esta semana.

¡Hazlo posible!

¿Cuál es tu consejo poderoso?

Hay 199 consejo poderosos en este libro.

El consejo poderoso número 200 depende de ti.

Utiliza este espacio para escribir tu propio consejo poderoso para el éxito.

Mi consejo poderoso:

_____

_____

_____

_____

¿Por qué es importante?

_____

¿Cómo lo llevo YO a cabo?

_____

¿Cuál es el final feliz de usar este consejo poderoso?

_____

Compártelo en línea www.bizsecretsthatwork.com/mysecret

Formas

Las siguientes formas son herramientas increíbles para ayudarte a navegar en tu viaje hacia el éxito.

¡Descárgalas gratis!

Who are you?
www.bizseretsthatwork.com/whoareyou.pdf

Setting Goals
www.bizsecretsthatwork.com/goals.pdf

Balanced Life
www.bizsecretsthatwork.com/balance.pdf

Affirmation Steps
www.bizsecretsthatwork.com/affirmations.pdf

SWOT Analysis
www.bizsecretsthatwork.com/swot.pdf

Marketing Mix
www.bizsecretsthatwork.com/mktmix.pdf

Sales Funnel
www.bizsecretsthatwork.com/funnel.pdf

Marketing Calendar
www.bizsecretsthatwork.com/mktcalendar.pdf

Referral Machine
www.bizsecretsthatwork.com/referralmachine.pdf

Mind Mapping
www.bizsecretsthatwork.com/mindmapping.pdf

Fuentes

Carnegie, Dale. *How to Win Friends and Influence People. Simon and Schuster, New York, NY 1936*

Hill, Napoleon. *Think and Grow Rich. Fawcett Publications, Greenwich, TN 1960*

Byrne, Rhonda. *The Secret. Atria Books/Beyond Words 2008*

Covey, Steven. *The 7 Habits of Highly Effective People. Free Press, New York, NY 1989*

Ogilvy, Dave. *Ogilvy on Advertising. Crown Publishers, USA 1983*

Bobbinski, Dan. *Passion Driven Teams. Career Press, Franklin Lakes, NJ 2009*

Beckwith, Harry. *Selling the Invisible. Warner Books, NY 1997*

Gordon, Jon. *The Energy Bus: 10 Rules to Fuel Your Life, Work and Team with Positive Energy. John Wiley and Sons, NJ 2007*

Collins, Jim. *Good to Great. Harper Collins Publishers, NY 2001*

Eisenberg, Brian. *Call to Action. Thomas Nelson, TN 2006*

Sobre la autora

Nacida en la Ciudad de México, **Jacqueline Camacho-Ruiz** se mudó a los Estados Unidos a los catorce años de edad, donde aprendió inglés y alemán en sólo dos años. Al graduarse, lanzó lo que ahora es la premiada agencia JJR Marketing, Inc. en Illinois.
(Para saber más visita: www.jjrmarketing.com)

Con el deseo de compartir sus secretos para lograr el éxito con los demás, Camacho-Ruiz escribió este libro fácil de seguir sobre los "Cómos", para motivar a otros profesionales en las áreas de ventas, mercadotecnia y retención del cliente. Motivacional e inspirador, el libro también incluye consejos poderosos para cualquier persona que se encuentre comenzando un negocio.

Camacho-Ruiz ha basado su vida en la filosofía de que el regalo está en dar. Cualquier día la podrás encontrar dando más de lo que recibe. Este libro no es la excepción.

Jacqueline ha sido reconocida como **Líder Emergente** por la Asociación de Marketing Directo de Chicago, también recibió el premio "Entrepreneurial Excellence Award" por *The Business Ledger* y fue una de las finalistas en **"The Latina Entrepreneur of the Year"** (La mujer de negocios latina del año)" de la *Red de Latinos*. Es una invitada frecuente en el programa de radio "Living the Dream (Viviendo el Sueño)" y en el periódico en español "Últimas Noticias y Reflejos", como columnista. También colabora en varias publicaciones, radio y televisión.

Jacqueline Camacho-Ruiz es la autora de varios libros en inglés, incluyendo **"The Little Book of Business Secrets that work!", "The Fig Factor," "Overcoming Mediocrity"** y **"The Crusaders."**

Jacqueline Camacho-Ruiz